武田公子 [著]
Takeda Kimiko

ドイツ・ハルツ改革における政府間行財政関係
地域雇用政策の可能性

法律文化社

目　　次

序　章　公的扶助と雇用政策をめぐる議論と政策動向 ── 1

　　はじめに　1
　　1．社会保障と分権化　3
　　2．公的扶助受給者の就労支援をめぐる政策動向　8
　　3．地域雇用政策をめぐるドイツでの議論　12
　　4．本書の課題と構成　16

第1章　ハルツ改革前史と改革の概要 ────────── 17

　　はじめに　17
　　1．ハルツ改革の背景としての自治体財政問題　19
　　2．雇用政策をめぐる自治体と連邦政府　25
　　3．求職者基礎保障の概要　30
　　小　括　36

第2章　求職者基礎保障の手法と運用 ────────── 38

　　はじめに　38
　　1．受給者の動向　39
　　2．長期失業者の窓口と給付　45
　　3．職業生活への統合のための措置　50
　　4．長期失業者向けの特徴的施策　56
　　5．多様なプログラム提供主体　63
　　小　括　65

第3章　実施主体をめぐる争点 ─────── 67

はじめに　67
1. 施行前の条文改正　67
2. 初期段階の議論　73
3. 実施主体の問題点と修正　82
4. 実験条項評価報告書　87
小　括　90

第4章　違憲判決とジョブセンター改革 ─────── 92

はじめに　92
1. 11郡訴訟と違憲判決　93
2. 連邦制改革とその影響　96
3. ジョブセンター改革と認可自治体の拡張　101
小　括　109

第5章　認可自治体モデルの選択と実施状況 ─────── 111

はじめに　111
1. 実施組織形態の選択とその変化　112
2. 認可自治体の特徴　114
3. 2005年当初認可自治体選択の背景　119
4. ARGEから認可自治体への移行事例　126
5. 認可自治体モデル選択の意義　130
小　括　133

第6章　費用負担をめぐる連邦・自治体間関係 ─────── 135

はじめに　135
1. SGBIIにおける連邦と自治体の財政負担関係　136

2．住宅暖房費負担問題　142
　　3．自治体財政の悪化と連邦・自治体間財政関係の動向　150
　　小　括　161

終　章　ローカルな雇用政策の意義と課題 ────── 164
　　はじめに　164
　　1．ハルツ改革の背景と概要　165
　　2．実施主体をめぐる局面の変化　167
　　3．ハルツ改革の論点　169
　　4．日本における生活保護・自立支援への示唆　175

あとがき
略語一覧
文献一覧
索　引

序　章

公的扶助と雇用政策をめぐる議論と政策動向

はじめに

　本書の目的は、ドイツにおけるいわゆる「ハルツ改革」を事例として、基礎自治体レベルにおける労働市場政策の確立経緯とそれをめぐる政府間財政関係の動向を明らかにすることにある。労働市場政策は、わが国では専ら中央政府によって主導されてきた経緯があり、「基礎自治体の」労働市場政策という表現にはなお違和感があるかもしれない。しかしここで主として論ずるのは、一般労働市場での求職者を対象とする労働市場政策ではなく、個々人が抱える社会的問題ゆえに長期的失業に陥ったり不安定就労と失業を繰り返したりする人々に対する労働市場政策である。

　学歴や職業資格が低いために労働市場での不利性を抱える人々、あるいは家庭事情（育児・介護等）や健康問題（虚弱・精神疾患等）ゆえにフルタイムないし安定した就労が困難な人々は、雇用保険加入義務のある職に従事した経験が少ない。ドイツでは従来、こうした人々が失業した場合には、公的扶助政策（社会扶助）の枠組みで生活保障と自立支援が提供されてきた。失業者が急増した1990年代には、こうした人々を労働市場に統合する取組みが、社会扶助の担い手である基礎自治体によって取り組まれてきた経緯がある。こうした就労支援は、一部には職業訓練や資格づけを通じて第一労働市場に統合する事例もあっ

1）ドイツでは、社会保険加入義務のある職に関わるものを一般労働市場または第一労働市場と呼び、公的な補助を伴う雇用を指す第二労働市場と区別している。

たものの、多くは自治体が出資する雇用公社での雇用や地域の非営利団体が創出する小規模雇用であった。

　他方、80年代からの継続的な高失業状態と、90年東西統一後の東部州での大量失業の発生とを背景に、社会扶助費負担の増加が自治体財政にのしかかるようになった。ドイツ政府は自治体の財政問題と労働市場問題とを同時に解決する必要に迫られた。こうした背景のなか、2005年にいわゆるハルツ改革が施行され、稼働能力ある長期失業者への支援を、社会扶助の実施主体である自治体と、雇用保険関連事業の実施主体である労働エージェンシー（連邦労働エージェンシーの地域機関）とが共同実施する仕組みが導入された。しかし施行以来およそ7年にわたって、この実施主体の妥当性をめぐって激しい議論が繰り返され、制度も大きく動揺してきた経緯がある。すなわち、従来社会扶助受給者の労働市場への統合に実績を挙げてきた自治体にとって、この政策分野の主導権を連邦機関に奪われることは痛恨事であり、何とかしてこの分野での主導権を奪い返したいという思いが強かった。しかし他方で、特に都市部においては社会扶助費の負担は自治体財政を困窮させる最大の要因でもあり、この改革を機に連邦の財政負担責任が明確になることを歓迎する見方もあった。かくして、この新たな給付（求職者基礎保障）の実施にあたって、連邦政府と自治体との分担関係と費用負担関係はどうあるべきかが繰返し問われることになったのである。

　本書ではこうしたドイツの労働市場政策の改革とその後の論議および制度変遷に着目し、条件不利者をターゲットとする労働市場政策が、ローカルな政府部門によって担われる可能性について検討したい。

　この問題を論じていくにあたり、本章ではまず問題の背景となる社会保障の分権化の動向や、公的扶助・雇用政策という政策分野をめぐる政府間関係の動向や議論を概観する。以下ではまず、社会保障分野における市場化および分権化の状況に関する各国比較を踏まえる。その上で公的扶助受給者に対する就労支援政策の動向を明らかにしつつ、同政策をめぐる政府間関係の課題を論じる。

1. 社会保障と分権化

　分権化が世界的潮流となる中で、社会保障分野をめぐる政府間関係はどのような変化を見せているのだろうか。財政学の分野では Musgrave (1959) および Oats (1972) による定式化以来、経済安定化機能と所得再分配機能は主として中央政府に、資源配分機能（公共財の供給）は多くの場合地方政府に委ねられるべきものであるという考え方が支配的であった。この整理にのっとれば、所得再分配に関わる公的扶助やマクロな経済政策に関わる労働市場政策は、主として中央政府の役割とされる。社会保障分野に関してこの整理を行えば、公的扶助や年金等の最低生活保障・所得移転は中央政府の役割であり、介護・保育等の対人サービスは地方政府が担うのが妥当ということになる。

　しかし、80年代からの「福祉国家の危機」とその再編、90年代以降の市場化への奔流、欧州統合の深化にみられる政府間関係の重層化、という様々な社会経済的構造変化の中で、この政府間役割分担論も見直しを迫られてきている。2000年代から顕著になってきた格差と貧困の拡大の中で、生活困窮者に対する公的扶助と社会的包摂への取組みが重要性を増してきているが、これは所得再分配と資源配分とが交錯する領域であり、この政策分野に関して中央政府と地方政府がどのような役割分担に立ち、どのように連携するのかについては定まった解がないといってよい。

　図序-1は幾つかの国を取り上げて、分権化の動向と地方政府の歳出動向を比較したもの、また図序-2は日本の地方政府（都道府県・市町村純計）について総務省統計に基づき同様のグラフを作成したものである[2]。一般政府の歳出に占める地方政府の比率は、イギリスと日本を除く全ての国で増加傾向が見られ、歳出に際しての権限の如何は別にせよ、分権化が地方政府の歳出上の役割の増加という形で表れていることを示している。また、イタリアを除く全ての

---

[2] OECD 統計のうち、機能別政府支出（Annual National Accounts, Government expenditure by function）に関して、日本は政府部門別の数値を明らかにしていないため、『地方財政統計年報』を用いた。

図序-1　各国における地方政府の分野別歳出と財政規模の推移

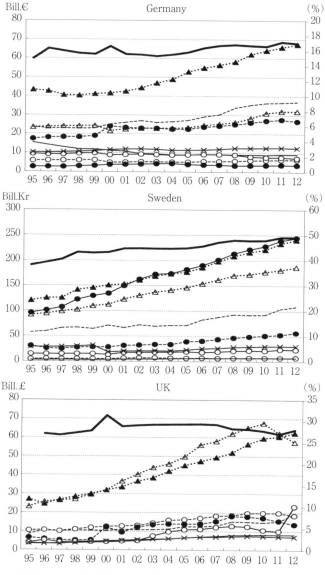

〈資料〉OECD. Stat より作成。

序　章　公的扶助と雇用政策をめぐる議論と政策動向

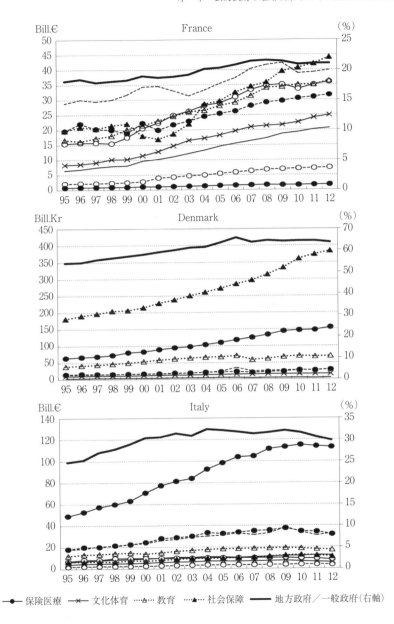

●─ 保険医療　─×─ 文化体育　┄△┄ 教育　┄▲┄ 社会保障　── 地方政府／一般政府（右軸）

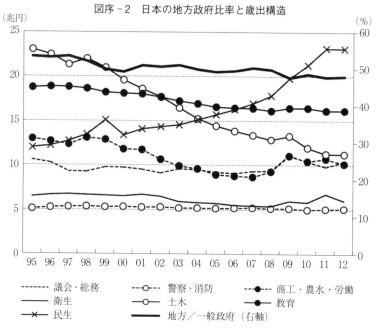

図序-2 日本の地方政府比率と歳出構造

〈資料〉『地方財政統計年報』等により作成。

国で、地方政府における歳出増の主な要因のひとつが社会保障分野の支出であることがわかる。社会保障関係費の増加が具体的にどのような政策分野の拡大によるものかは国によって異なるが、概していえば対人福祉サービスや公的扶助が中心であろう。

　佐藤他（2012）による社会保障の分権化に関する各国比較では、広域地方政府の役割が相対的に大きくなっていることが明らかにされている。フランスでは市町村の規模が小さく、社会福祉事業の移譲先となりにくいことから県（デパルトマン）への権限移譲が進められ、特に公的扶助や児童・家庭・高齢者向け社会事業など、県が対人サービスや最低所得保障の担い手となってきている[3]。スウェーデンでは、コミューンが介護・福祉、県（ランスティング）が保健医療、国が年金を担当するという基本的な役割分担があり、県の責任領域が相対的に小さい。しかし、EUの影響力拡大により中央政府の権限が侵食されて

きている面があり、各レベル政府間の力関係でみると州の位置づけは相対的に高まっている。[4]

　他方で、ニューレイバー政権以降のイギリスについて言及されていることであるが、対人福祉サービスにNPM（New Public Management）的なガバナンスが導入されたことにより、一方では分権的な形をとりつつ、中央政府による制御が強化されたという指摘もまた示唆的である。[5]この点は日本に関してもいえることである。

　他方でむしろ集権化の傾向を指摘する研究もある。例えばKazepov（2010）はEU諸国の社会保障政策を次のような類型に分けて政府間関係の動向を論じている。まず、イギリス等にみられる自由主義的福祉システムの下では、資源配分における市場ないし非営利セクターの役割が高まり、政府部門の役割は後景に退きがちだが、NPMによる合目的性や効率性を重視した制御を通じて中央政府による統制は強まっている。北欧諸国にみられる社会民主主義的福祉システムでは、現場重視の社会扶助や対人サービスはなされているが、90年代から2000年代にかけてサービスの標準化が図られ、地域間の制度差は縮小している。民間や家族に授権する仕組みや参加システムの整備が図られた一方、中央政府の関与は大きく、むしろ集権化の傾向すらみられる。中欧諸国を中心とする協同的福祉システムでは、地方政府が担う貨幣・物的給付に関しては従来地方政府に権限が与えられ、地域的多様性を保持してきたが、近年その給付水準や運用に関して中央政府の関与と財源保障の仕組みが整備され、ナショナルスタンダードの構築へと進みつつある。これらに対して、南欧諸国を中心とする

3）伊奈川秀和「フランスの社会保障制度における国と地方の関係」佐藤他（2012）、18-27頁。なお、同論文ではデパルトマンを「州」と訳しているが、連邦制における州政府と区別するため、ここでは県とした。

4）斉藤弥生「スウェーデンの社会保障制度における国と地方の関係—介護サービスにおける「サービス選択自由化法」の影響を中心に—」佐藤他（2012）、60-76頁。なお、同論文ではランスティングを「州」と訳しているが、連邦制における州政府と区別するため、ここでは県とした。

5）平岡公一「イギリス社会福祉における国と地方の関係—ニューレイバー政権期における諸改革と政策展開を中心に—」佐藤他（2012）、4-17頁。

家族的福祉システムでは、戦後集権化を進めてきた傾向にあったが、近年急速に分権化に転換してきている。各都市は独自の社会政策的措置を開発しており、地域間の多様性が維持される一方、地域間のサービスの相違は全国的に標準化されにくい。すなわち、南欧諸国のモデルを除けば、地域間のサービス格差を収斂させ、標準化を図る必要から、中央政府が財源保障やコントローリングを通じて地方政府に対する関与を強めているというのである。

つまるところ、多くの国々で社会保障分野のうち対人サービスは、地方政府が主としてその実施を担っている状況にあり、図序−1でみたようにその財政負担は増加傾向にあるものの、単純にそれをもって分権化が進展しているとは言い難い。需要者への近接性という観点から、実施の現場に近い基礎自治体により大きな裁量や権限が配分されることが望ましいとはいえ、ナショナルスタンダードを構築・維持する必要上、中央政府による財源保障やコントローリングは不可避というジレンマを、各国が抱えている状況にあるといえる。

2．公的扶助受給者の就労支援をめぐる政策動向

（1） アクティベーションをめぐる政府間関係

さて本書では、社会保障分野における政府間関係をめぐる前述のようなジレンマを、公的扶助受給者の就労自立支援という政策分野に焦点を当てて検討していく。この政策分野は、1990年代頃から各国において、「アクティベーション」あるいは「ワークフェア」をスローガンとして取組まれるようになった。

この「アクティベーション」をめぐってEU諸国の政策を比較した研究として福原・中村（2012）がある。この研究の焦点は、長期失業者ないし就労可能な公的扶助受給者に対する積極的労働市場政策（職業斡旋、訓練、教育）を意味する「アクティベーション」に向けた施策やその運用が、国によって異なるという点にある。すなわち、受給者に対する社会的包摂の場として労働市場を重視する就労アクティベーションと、社会的包摂の場を労働市場に限定しない社会的アクティベーションとの間で、比重の置き方が国によって多様であることに着目したものである。

表序-1 欧州諸国における労働市場政策改革

	組織改革	財　源	制　御
イギリス	2001-2006年 稼働年齢の全ての失業中の受給者に対する国のジョブセンター（Jobcenter Plus）	国が100％負担	労働省（DWP）と労働部局（Jobcenter Plus）の間の目標協定
デンマーク	2007年 自治体・国が共同設置のジョブセンター／パイロットとしての14の自治体のみのジョブセンター／09.8.1より自治体ジョブセンターの普遍化	混合財源 消極的給付は国が35％、自治体65％。受給者の活性化は国65％、自治体35％	・雇用省による目標設定、モニタリング、ベンチマーキング ・二段階の目標協定 ①省と広域評議会の間 ②広域・自治体両レベルの雇用評議会の間
オランダ	2004年 自治体ジョブセンター。財政的権限を強化する再編も	国が100％負担	労働省（SZW）による目標設定、資源配分モデルによる制御
ドイツ	2005年 求職者基礎保障に伴う組織改革。346のARGE、69の認可自治体、23の分離モデル（当初）	混合財源 連邦が約80％、自治体が約20％	ARGE：BAとBMASの目標協定による連邦給付の制御、自治体給付に関するARGE-自治体間の制御 認可自治体：州を通じての連邦給付に関する監督

〈資料〉Konle-Seidl（2009）より作成。

　本書が注目するのは、この公的扶助におけるアクティベーションが、政府間行財政関係に対して課題をつきつける側面を持っていたということである。公的扶助は各国の中央政府の立法が定めるナショナルミニマム保障であるが、多くの場合その実施は基礎自治体によって担われてきた。一方、公的扶助受給者の職業生活への包摂に際して、従来中央政府が担ってきた職業安定事業のもつ行政資源を活用することがしばしば行われるようになった。この結果、地方政府と中央政府（連邦政府）との間の連携が不可欠になったのである。中央政府と地方政府とが従来それぞれに担ってきた政策権限が交錯する分野にあって、両レベルの政府がどのように分担・連携するのかは悩ましい問題である。サービスの需要者に対する近接性や、地域のネットワークを活用した施策運営という観点からは地方政府により大きな権限を与えることが望ましいが、他方で給付の全国統一的な量的・質的標準の維持や広域的な職業斡旋という観点からす

れば中央政府の役割はなお重要と考えられる。

　こうしたジレンマに立った結果、EU諸国では総じて中央政府と地方政府の間に権限の再配分がなされ、費用負担は中央政府に集中するという傾向がみられるものの、その実際のあり方は国によって異なっている。興味深いのは表序−1に示したKonle-Seidl（2009）による整理である。ここに挙げられる4ヶ国には次のような共通した特徴がみられる。第一に、地域単位に置かれるジョブセンターと中央省庁との間の成果管理システムである。ジョブセンターは分権的な趣をもって設置されるが、中央政府からの財源移転を伴いつつ——国が100％負担のイギリス、オランダと混合財源のデンマーク、ドイツという相違はあれ——、中央と地方の間で目標協定を結び、ベンチマーキング等の手法によりコントローリングがなされるという仕組みは共通している。第二に、オランダ、デンマーク、ドイツに共通していることとして、自治体が担うジョブセンターが創設されたということがある。さらにデンマークとドイツに共通するものとして、国と自治体が共同設置するジョブセンターと、自治体が単独でパイロット的に担うジョブセンターとを並置したことがある。デンマークでは国と自治体の共同設置のジョブセンターを基本とし、パイロットとして14の自治体ジョブセンターを認めていたが、09年には自治体ジョブセンターを普遍化している。オランダにおいては改革当初の04年より自治体ジョブセンターが業務を担っている。そして本書が主たる事例とするドイツでは、デンマークと同様に複数の実施モデルが認められ、後述するように最終的には二つの実施モデルが併存する形に落ち着いている。つまりこれらの諸国では、地域雇用政策の担い手としての自治体の地位が、制度上も認められるに至ったわけである。

（2）　EUにおける「貧困との闘い」とローカルレベルの取り組み

　前述のようなアクティベーションが各国で展開されている背景には、EUにおいて1980年代から取り組まれてきた「貧困との闘い」に関わる政策枠組みがある。「貧困との闘い」は2000年からの10ヶ年を期間とした「成長と雇用のためのリスボン戦略」においても重要な柱のひとつとして位置づけられた[6]。05年の中間評価を経て見直されたリスボン戦略では、量的・質的な雇用の確保と社

会的結束の強化が打ち出され、この枠組みの下で08年に公表された「新・社会アジェンダ」[7]は、社会的に排除されている人々に対する雇用・社会参加機会創出に重点の一つを置くに至っている。また、2010年は「貧困と社会的排除への闘いの欧州年」とされ、この問題に関する各種の会議等も開催された。

新・社会アジェンダが掲げた重点施策は以下の諸点である。①児童・若者対策、②人への投資、より多くの良質な雇用、新たな技能、③人の移動促進、④より長生きで健康的な生活、⑤貧困および社会的排除との闘い、⑥差別との闘い、⑦グローバルな場における機会、アクセスおよび連帯、である。これらを総括してみれば、知識産業を中心としたEUのイノベーション戦略に必要な人材の養成と移動（②③⑦）、その際求められる社会保障制度の共通化促進（④）、他方で深刻化する貧困問題への対処とターゲットグループへの焦点化（①⑤⑥）というEUの戦略が垣間みられる。これはflexibleとsecurityを結びつけた造語であるフレクシキュリティFlexicurityというキーワードと共に語られ、労働市場の流動化を容認しつつ各国におけるセーフティネットの整備を図るというEU社会政策の方向性を表している。

EUにおけるこのようなガイドラインや国別評価システムを通じた戦略は、裁量型調整方式（OMC）と呼ばれるソフトなガバナンス手法を通じて、加盟国に大きな影響力を及ぼしている。それゆえ、加盟国にほぼ共通した傾向として、自治体レベルでの雇用政策が重要視されてきており、自治体の位置づけが労働市場政策において鍵を握る状況がみられる。また、OMCによる各国への「遠隔操作」や、欧州社会基金といったEUの資源を活用することによって、各国の地方政府は中央政府から一定の自立性をもって、「貧困との闘い」に関わる取り組みを展開することも可能となっている。

「貧困との闘い」は、本書で詳述する公的扶助受給者のアクティベーションに限定されない。例えば次のような雇用政策や都市再開発の側面においてもEUの対貧困政策はローカルなレベルで立ち現れている。

---

6) リスボン戦略とその後の経緯については、岡（2007）、久我（2008）他参照。

7) Commission of the European Communities (2008): Renewed social agenda: Opportunities, access and solidarity in 21st century Europe, Brussels, 2.7.2008.

第一に、EU の地域雇用戦略に主導される各国の動向である。EU では欧州雇用戦略（EES）の下で各地域の雇用が抱える障害克服の取組みがなされてきたが、99年から2000年にかけての EES では地方当局・地域の各主体の役割が強調されるようになった。01年の雇用ガイドラインにおいて、加盟諸国に対して地域雇用戦略の策定が促され、04年には各種イニシャティブや EU 基金を通じた支援や評価システムが確立されるに至っている[8]。

　第二に、「持続可能な欧州都市」の枠組みにおける都市開発にかかる政策動向である。2007 年 5 月にドイツ・ライプチヒで開催された EU 関係閣僚の会合で、「持続可能な欧州都市のためのライプチヒ憲章」が採択された。同憲章では、加盟各国がより総合的な都市開発政策をとること、また都市内の衰退地区に特別な配慮を払うことがうたわれている[9]。これは、都市開発における経済的、社会的、文化的およびエコロジー的次元の相互連関を生み出そうとする意味をもち、具体的な政策の場では、排除された人々や地区を都市開発に参加させる動きにつながっている。

　つまり、EU の枠組みで捉えれば、公的扶助受給者のアクティベーションには、雇用政策や都市開発政策まで包括する広範な政策分野を横断した対応が求められており、しかもそれはターゲットグループに近接するローカルなレベルで取り組まれることが想定されているのである。

3．地域雇用政策をめぐるドイツでの議論

（1）　自治体による雇用政策の意義

　さて、本書が素材として扱う、ドイツ・ハルツ改革によって新設された「求職者基礎保障」とは、連邦機関が担ってきた労働行政の一部と、自治体が担っ

8）　ロバート・シュトラウス「多様の中に共通性を探る―EU の雇用戦略と地域の役割」樋口・ジゲール（2005）。

9）　財団法人日本開発構想研究所『諸外国の国土政策・都市政策』2007年、5頁；国立国会図書館調査及び立法考査局「持続可能な社会の構築　総合調査報告書」『調査資料』2010年3月、92頁、参照。

てきた公的扶助の一部とを統合して、長期失業者に対する生活保障給付と就労支援とを一元化するものであった。その際、この業務を連邦機関と自治体の間でどう分担ないし連携して実施するのかをめぐって制度は大きく揺れ動いてきた。この動揺は2011年までに一旦収束しているが、この過程で長期失業者の労働市場への統合をめぐる政府間関係について、いわば一種の社会実験が行われたといえる。この実験を通じて、連邦と自治体との役割分担や連携のあり方に関して多岐にわたる議論が繰り広げられたが、その中で自治体による雇用政策の意義について、以下のような共通認識が形成されてきている。

　第一に、労働市場政策が連邦・州・自治体さらにEUという重層的な政府部門の政策分野として展開されてきているということである。欧州雇用戦略やEUの対貧困政策の枠組みの下で、州や自治体は欧州社会基金を活用して連邦政府から一定の自立性をもったプロジェクトを実施することも可能となった（Buestrich 2011）。また、社会構造上の課題を抱える地域を対象としたプログラム「特別な開発需要のある地区―社会的都市―」（1999年～）にみられるように、連邦と州の共同プログラムに自治体が応募する例も多々みられる。こうした重層的な政府間関係の下で、自治体による雇用政策は、第一労働市場への斡旋を優先するのでなく、社会的不利性を抱える人々、貧困リスクの高い人々をターゲットとした雇用創出である点に独自性をもつ（Dahme/Wohlfahrt 2011）。

　第二に、自治体の雇用政策の源流は、ハルツ改革以前の社会扶助法の下での、自治体の就労扶助（社会扶助受給者への就労支援）にあるということである。就労扶助は、遅くとも90年代には自治体の独立した政策分野にまで成長し、活性化指向的な雇用政策のイノベーションをもたらしてきた（Bieback 2006, Kaps 2012）。このイノベーションの鍵として考えられるのが、自治体が伝統的に担ってきた他の政策分野との連携関係である。すなわち、ローカルな労働市場政策による職業生活への統合、保育サービスの整備による家族と職業の調整、社会的最低保障給付を通じた所得の安定化、公営住宅等による低所得者向け住宅の提供、その他総合的な相談や支援の提供である（Hanesch 2010）。

　第三に、ローカルガバナンス上の観点からの評価である。Dahme/ Wohlfahrt（2011）は、90年代以降における分権化とNPM（NSM）[10]型行政改革を経

て、自治体による社会政策が「政治的制御のルネサンス」を遂げたとしている。従来は中央政府の立法権の下で社会政策の単なる実施主体にとどまっていた自治体が、福祉国家の再編過程と権限・責任の下位政府への移譲を経て、地域課題解決に向けて市民社会を動員しつつ企画立案機能を担うことも期待されるようになったのである。また、雇用政策の成功例に共通することとして、地域のあらゆる重要なアクターが密接に連携し、問題にシステマティックに取り組み、財源だけではなく、知識、経験、マンパワーといった多様な資源を共通の目的に向けて動員し得ているという指摘もある（Schulze-Böing 2010）。

（２） 成長と統合をめぐる対抗軸

とはいえ、地域雇用政策をめぐる動きは、決して直線的かつ単線的なものではない。この政策分野をめぐってしばしば指摘されるのが次の二つの対抗軸である。

第一に、受給者の迅速な労働市場への統合と福祉的安定化とのいずれを優先すべきかという問題である。これは前述の福原・中村（2012）における、就労アクティベーションと社会的アクティベーションとの対抗関係とも同一であるが、この対抗関係は様々な政策上の対立点としても現れる。求職者基礎保障の制度運営をめぐっては、受給者への迅速な斡旋と制裁措置の活用による労働市場への統合を旨とする連邦労働エージェンシー（BA）と、社会的包摂の文脈から受給者への福祉的ケアを重視する自治体との間の対抗関係がしばしば登場する（Offer 2008）。一方は対象者の「エンプロイアビリティ」すなわち就職・就労能力の向上を重視するもの、他方は一般労働市場よりハードルの低い雇用の創出を重視するものである。前者は、職業訓練、資格取得支援および就労習慣づけ等の施策を主な手段とし、低所得ないし失業の原因を個人の能力に求める傾向がある。後者はケアつき雇用や非営利団体での雇用といった、一般労働市場外の雇用の開拓を主な手段とするが、自立した生活を可能にする所得を必

---

10) NSM（新制御モデル）は New Public Management のドイツ版といえるが、オランダの改革モデルの影響を強く受けている。

ずしも保障しない就労を容認する傾向がある（Sell 2010）。この対抗関係はまた、都市間競争が激化する中で各自治体がとる戦略の相違としても現れる。Hanesch（2010）によれば、90年代からの自治体の予算制約、地域間競争、社会問題の激化を背景に政策の優先順位明確化への要請が高まる中で、自治体が担う福祉国家機能の指導理念が「成長レジーム」と「統合レジーム」とに二極化してきている。前者は経済団体、商工会、経営者およびこれらに近接した政党が政治的に主導する都市に多くみられ、国際市場指向的な分野の促進、高質な労働力吸引のための都市中心部再開発を重視する。後者は福祉団体、教会、労働組合、市民団体等が主体となり、社会的・空間的排除に対する包摂に重点を置くものである。

　第二に、そもそもハルツ改革は分権と集権という二つのベクトルの間でどのように位置づけられるものかという点である。自治体による雇用政策のイノベーションに注目する立場（Bieback 2006, Kaps 2012）、あるいはローカルガバナンスの展開を積極的に評価する立場（Dahme/ Wohlfahrt 2011, Hanesch 2010）からすれば、ハルツ改革の実施以降の経緯は分権化の進展として捉えることができよう。しかし他方で、受給者の就労支援に関する各種措置の運用をめぐって、連邦労働エージェンシーは絶えず自治体の裁量の余地を限定しようとする傾向がみられる（Buestrich 2011）。また、Hassel/ Schiller（2010）は、ハルツ改革はそもそも、長期失業者に対する給付システムに対する連邦政府の関与を強化することに狙いがあったとしている。90年代後半ごろから自治体において取り組まれた就労扶助において、自治体と失業保険の間で負担のボールの投げ合いがなされていたが、連邦政府は長期失業者への給付を保険原理から切り離して連邦財政の負担に組み込むことによって、この給付に対する連邦政府のコントロールを強めようという思惑があったという見方である。これらの見解を踏まえれば、ハルツ改革における一連のプロセスを、単純に分権化の進展と捉えることはできないだろう。

4．本書の課題と構成

　さて、以上のような政策動向や議論状況を踏まえて、本書ではドイツにおけるいわゆるハルツ改革をめぐる政府間関係を論じていく。この政府間関係は、成長と統合、集権と分権という両極の間で、各地域の状況に応じたグラデーションとして現れるものと考えられる。本書では特に、自治体が求職者基礎保障の実施主体となるに至った経緯やそれを選択した自治体の動機、地域雇用政策としての意義を検討するとともに、同制度をめぐる自治体の財政負担問題や、連邦制の枠組みにおける政府間行財政関係の問題に注目していく。

　以下の構成は次の通りである。第1章ではハルツ改革に至る経緯と改革の概要を述べる。特に、社会扶助費の増加を要因とする自治体財政の悪化が改革の背景のひとつであったことに着目し、この問題を解決すべくハルツ改革にどのような課題が負わされたのかを明らかにする。第2章では、求職者基礎保障における給付と支援の枠組みを概観し、同給付の受給者の動向を踏まえつつ、受給者の労働市場への統合に向けたどのようなプログラムが用意されたのかをみていく。第3章では、本書の主要テーマである求職者基礎保障の担い手問題——ARGE（労働エージェンシーと自治体の協同体）か認可自治体（自治体単独モデル）か——について、改革前後にどのような議論が展開されていたのかを明らかにする。第4章では、求職者基礎保障の主たる担い手として想定されたARGEに対する違憲判決とその後の制度改革（ジョブセンター改革）への動きを概観する。第5章では、認可自治体モデルを選択した事例について、この選択の背景とその成果を論じる。そして第6章では、この改革の目的のひとつであった自治体財政問題が解決されたのかどうかを検討する。これらの検討を踏まえ、終章では自治体による雇用政策がドイツにおいてどのような位置づけを獲得し、どのような成果を挙げ、またどのような課題があるのかを明らかにしていく。

第1章

ハルツ改革前史と改革の概要

はじめに

　ハルツ改革は、ドイツにおける労働市場改革として専ら論じられるが、本書で注目するのは、この改革が自治体[1]の財政難の解決策としても位置づけられていたという側面である。ドイツの自治体は1990年代以降、次のような事情から厳しい財政事情に直面してきた。

　第一に、これはドイツに限らず各国に共通した傾向といえるが、分権化の潮流の下で、中央政府から地方政府へと移譲される事務事業が増える一方で、それに必要な財源が必ずしも移転されないということである。加えてEU通貨統合のための財政安定化協定による、財政赤字の対GDP比3％以内という財政規律を達成するため経費縮減が進められる際、往々にして地方政府にそのツケが回される結果となっているという事情もある。

　第二に、企業課税の減税競争の下、ドイツでは特に地方税である営業税の課税ベースが縮小され、市町村の税収が掘り崩されてきたという経緯がある。加えてドイツ統一に伴うコストの市町村負担分として、営業税納付金（地方税である営業税の一定割合の拠出）の納付率が引き上げられ、地方税の純収入をさらに減少させる結果をもたらしていた。

1）　以下にいう「自治体 Kommune」とは、社会法典第2編中の用法として、郡および郡格市（郡に属さない市、以下では単に都市と記すこともある）を指すものとする。「市町村 Gemeinde」は郡格市および郡所属市町村を指す。

第三に、高失業率の下で社会扶助受給者が増加し、自治体の財政負担を重くしたことである。「社会保障の最後の網」と呼ばれる社会扶助は、基本的には自治体の自治事務とされ、その財政負担も自治体によって担われてきた。しかしこれにかかる経費は自治体の最大の歳出項目となっており、この費目の膨張が他の政策分野に投じるべき財源を侵食している状況があった。

　こうした状況の下、社会扶助制度を含む雇用政策の抜本的な再編を目的とする「労働市場における現代的サービスのための第4法（以下ハルツ第4法と略す）[2]」が2003年末に成立した。同法は、2002年3月に設置された諮問委員会——委員長であるフォルクスヴァーゲン取締役ペーター・ハルツ Peter Hartz の名を冠してハルツ委員会と呼ばれる——の報告に基づく一連の労働市場政策改革に位置づけられるが、上記のような自治体の財政状況に鑑みて、特に自治体の社会扶助費負担問題を抜本的に解決する企図を含むものでもあった。それは、旧社会扶助制度の一部を、社会法典第2編「求職者基礎保障」（以下SGBIIと略す）[3]に再編することによって、連邦・州・自治体の財政負担関係を変更するというものであった。

　本章は、このハルツ第4改革（以下、ハルツ改革）[4]に至る経緯について、特に次の二点を中心に論ずる。第一に、雇用政策のうち、特に長期失業者の労働市場への統合においてこれまで自治体はどのような役割を果たしてきたのか、またそれは同改革を通じてどのような変貌を遂げようとしているのかである。また第二に、社会扶助費が自治体にもたらす負担はどのようなものであり、またこの改革によって自治体の社会扶助費負担問題はどのような形で解決されようとしていたのかである。

2）　Viertes Gesetz für moderne Dienstleistungen am Arbeitsmarkt vom 24. Dezember 2003, BGBl. I, S. 2954. 同法は、社会法典第2編の制定とそれに伴う約60件の他法改正・新設を含む一括法である。

3）　Sozialgesetzbuch Zweites Buch - Grundsicherung für Arbeitsuchende - vom 24. Dezember 2003, BGBl. I, S. 2954. なお、本章で言及する条文は当時のもの。また条文については、札幌学院大学嶋田佳広氏による邦訳を参考とさせていただいた。

4）　同改革は四次にわたるものであるが、そのうち最大の改革が第4改革であったため、通常「ハルツ改革」と呼ばれるものは主にこの第4改革を指す。以下でも同様。

そこで以下ではまず、ハルツ改革に至る経緯を概観することで、同改革がなぜ、自治体財政危機の解決策としての課題を担うことになったのかを明らかにする。次いで、この改革のアウトラインを略述するとともに、前述の二つの論点に立ち入って検討を行う。

1．ハルツ改革の背景としての自治体財政問題

ハルツ改革に負わされた課題の重層性と、その改革の成否を検討する上での多元的な視覚の必要性を理解するために、同改革の前史を踏まえておく必要がある。以下では改革に至る経緯を概観することを通じて、この改革が自治体財政にとってなぜ重要な意味をもつのかを明確にしておきたい。

（1） 社会扶助費の膨張をめぐる軋轢

ドイツの自治体財政において、社会扶助費は経常会計の15％を占める最大の歳出項目であった。80年代以降に失業率が高水準で推移してきたことに加え、90年のドイツ統一によって東部州で大量失業が生じたこともあり、社会扶助の受給者は増加の一途を辿った。

図1－1はハルツ改革前までの市町村の分野別歳出の動向を示したものであるが、費目の中で最も大きな比重を占めるのが社会保障費であり、特に1990年代前半に急増している状況が窺える。他の費目が抑制傾向にあった90年代の後半には、社会保障費の比率は歳出総額の30％を超え、2004年には35％にも達しようとしていた。自治体における社会保障費の大半をなすのが社会扶助費であり、04年には社会保障費の45％を占めていた。自治体における歳出増の最大の要因が社会扶助にあったことは明らかである。そこで、図1－2で社会扶助受給者の動向をみてみる。このうち特別扶助とは、高齢者や障がい者、難民など、職業生活が困難な人々への生活保障であり、施設外生活扶助は概ね就労能力ある生活困窮者への給付と捉えることができる。特別扶助受給者は80年代後半から増加傾向を示していたが、94年に一旦減少し、その後横ばいとなっている。これは、難民のほとんどが94年に導入された庇護請求者給付に移管された

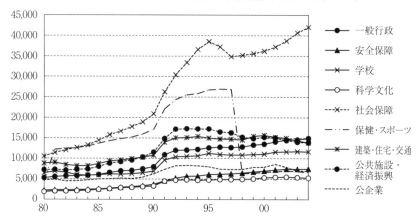

図1-1　ハルツ改革前自治体の分野別歳出（純計、百万ユーロ）

〈注〉90年まで旧西ドイツ自治体、91年より統一後ドイツ自治体合計。
98年以降の「保健・スポーツ」の減少は、病院事業が他会計に移管されたことによる。
〈資料〉Statistisches Bundesamt(a), 2004より作成。

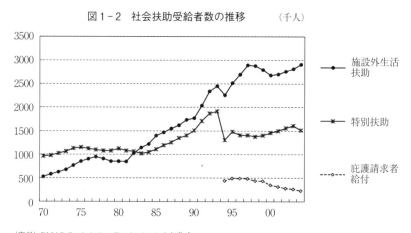

図1-2　社会扶助受給者数の推移　（千人）

〈資料〉BMAS, Statistisches Taschenbuchより作成。

ことに伴うものである。また、施設外生活扶助受給者についていえば、97年をピークに一旦減少した後、01年以降再び増加傾向に転じている。これは97年に導入された介護保険により、受給者の一部が他制度に移管されたものと考えら

れる。

　とはいえ社会扶助費は、その歳出額の大きさと膨張傾向という事情のみならず、自治体財政にとって次のような意味でも財政ストレスをもたらすものとされてきた。第一に、社会扶助は自治体の自治事務であったものの、連邦社会扶助法および各州施行法によって規整され、自治体にはほとんど裁量の余地がない、委任事務にも等しいものであったことである。実際、バーデン・ヴュルテンベルク州憲法裁判所の判例では、「市町村・市町村連合による社会扶助事務の執行は、本質的に連邦法上の規定に則って執行されるものであり、従って自治事務におけるような企画構成の余地は全くない」との見解が示されている。このように、自治体の裁量の余地がない事務であるにもかかわらず、形式的には自治体の「自治事務」とされ、その費用は全て自治体が負担するものとされてきた。

　第二に、「社会保障の最後の網」である社会扶助は、連邦の管轄する各種社会保障制度の網のあり方如何で、受給者の増減が左右されるということである。最も直接に関わるのは雇用保険制度である。雇用保険制度の改正によって失業手当受給期間が短縮され、あるいは給付水準が引き下げられれば、社会扶助の網を必要とする受給者は当然増加するという関係にある。さらに他法との関係についていえば、90年代からの動きとして次のような状況も指摘できる。前述のように94年に庇護請求者給付法が施行され、それまで社会扶助の網が受け止めてきた難民への生活保障が他法に移管された。また95年から段階実施、97年に完全実施された介護保険法によって、社会扶助の中にあった介護扶助は保険に代替されることとなった。さらに03年から施行された「高齢・稼得能力

---

5) Bundessozialhilfegesetz vom 30. Juni 1961, BGBl. I, S. 815.
6) Inhester (1998), S. 136-137.
7) Staatsgerichtshof Baden-Württemberg, DVBl. 1994, S. 206; Schoch/Wieland (1995), S. 102.
8) Asylbewerberleistungsgesetz vom 5. August 1997, BGBl. I, S. 2022.
9) Sozialgesetzbuch Elftes Buch - Soziale Pflegeversicherung - vom 26. Mai 1994, BGBl. I, S. 1014.

減少時基礎保障」によって、高齢者や障がい者の多くが社会扶助から基礎保障へと移管された。こうした経緯から明らかなように、社会扶助は連邦が他法によって「別の網」を作るまでは「最後の網」として増え続ける生活困窮者を受け止め続けるという構造にあるといえる。

第三に、社会扶助受給者増加の背景には、ドイツにおける深刻な失業問題の存在が指摘できるが、この高失業はマクロな国民経済上の問題、あるいは社会構造上の問題であって、自治体が政策上の責めを負うわけではないということである。しかもこうした失業問題や社会問題を根本的に解決することは自治体の政策的能力を超えたものである。無論、自治体が地域的な雇用政策や地域振興政策を通じて、地域レベルでこうした問題に取り組むことはできる。とはいえ自治体の側は、第二の点ともあわせて、社会扶助費膨張の原因者ないし責任者は連邦政府であると捉えている。

以上のように、社会扶助費は自治体財政にとって最大の歳出項目であり、またその膨張が自治体財政の弾力性を著しく損なう状況にあった一方で、その経費膨張の原因に対して自治体が関与する余地はほとんどなく、かつその事務の実施における自治体の裁量は小さかった。こうした裁量の小さい事務にかかる費用が、自治体本来の自治的な事務―とりわけ地域的なインフラ整備―の余地を狭めるという側面もあり、自治体の財政ストレスを大きくしてきたといえる。

（２）「牽連性原則」をめぐる州と市町村の動き

社会扶助に典型的にみられるように、自治体の権限や裁量の余地が極めて限られているにもかかわらず、その財政負担が専ら自治体に課されているという問題に関して、自治体代表団体は絶えず批判を展開してきた。[11]この問題を考え

---

10) 当初、「基礎保障法」という名称の法律として成立した（Grundsicherungsgesetz vom 26. Juni 2001, BGBl. I, S. 1310, 1335）が、2003年12月の社会法典編制により、第12編の中に組み込まれた（Sozialgesetzbuch Zwölftes Buch - Sozialhilfe - vom 27. Dezember 2003, BGBl. I, S. 3022）。

11) 郡格市を組織するドイツ都市会議、郡所属市町村を組織するドイツ市町村同盟、およびドイツ郡会議の三団体が全国的な自治体代表団体である。それぞれの団体は州ごとに下部組織をもっている。

る上で注目されるべき概念として、「牽連性原則」Konnexitätsprinzip に言及しておく必要があろう。Schoch/Wieland（2005）によれば、牽連性原則とは、事務に関する決定権限・執行責任と支出義務・財政負担との関連づけであり、法律に規定された事務から発する支出に適合した財源の保障を意味する。政策の意志決定者と実施者・負担者が乖離すれば、実施者の給付能力が意志決定に反映されず、過重負担を生みやすい構造を作り出すからである。つまり、業務の権限・責任の所在と財政負担責任の一致を求める原則であり、両者が乖離した場合に生ずる「モラルハザード」（ないし財政錯覚）による過大な支出を防ぐための原則といえる。自治体代表団体が言い換えるところによれば、「注文した者が払え Wer bestellt, bezahlt !」[12]というわけである。

州・自治体間の財政関係の中では、この牽連性原則はとりわけ、自治体間財政調整制度のあり方を問う論点として登場する。社会扶助が自治事務であるという建前から、州や連邦はこれに対する直接の補助金を交付することができない。それゆえ、膨張する社会扶助費に対する財源上の手当ては専ら、州による財政調整を通じた一般財源保障の枠組みで行われることになる。しかし州は自らも苦しい財政事情の下で、自治体の一般財源を十分に保障してきたとは言い難く、それゆえ財政調整制度に対する自治体の不満はますます大きくなってきていた。

こうした中、自治体代表団体は、財政調整制度に関する牽連性原則を、各州の州憲法に盛り込む運動を展開してきた[13]。連邦と州との関係に関していえば、連邦基本法第104a条第2項が「州が連邦の委任において遂行するときは、連邦はそれによって生ずる支出を負担する」と定めている。州と市町村の間については、各州憲法がこれに則した規定を設けているのだが、こうした委任事務に関する牽連性規定が一般的な表現にとどまっていたために、連邦・州、州・自治体の間でそれぞれ財源保障をめぐる訴訟が多々生じていたのである。すなわち、自治体側は次のような規定を州憲法に盛り込むように求めていた。自治

---

12) Karrenberg, Hanns/ Münstermann, Engelbert (2003), Gemeindefinanzbericht 2002. In: Der Städtetag, 9 /2003, S. 4 -101.
13) 牽連性原則に関しては、武田（2004b）参照。

表1-1　財政調整上の原則に関わる州憲法改正の例

州	改正日付・官報	改正箇所・改正内容	該当条文
メクレンブルク・フォアポメルン	2000.4.4（GVOBl.MV.,S.158）	第72条第3項（下線部追加）	市町村および郡は法律または法律に基づいた命令によって、同時に費用の補填に関する規定が定められる場合、特定の公共事務を義務づけられうる。<u>この事務の執行が市町村および郡に追加的負担をもたらす場合、これに対応した財政的調整がなされねばならない。</u>
ザールラント	2001.9.5（Amtsbl.SL,S.1630）	第120条第1項（下線部追加）	正式の法律によって市町村および市町村連合には州事務の執行が委任されうる。<u>その際、費用の充当に関する規定が定められねばならない。州は市町村および市町村連合に対して、委任された事務の執行に必要な財源を保障する。</u>
		第120条第2項改正	州が従来自ら執行していた事務の実施を市町村および市町村連合に法律で義務づける場合も同様である。
ヘッセン	2002.10.18（GVBl.He.I,S.628）	第137条第6項新設	市町村および市町村連合が州法または州の法令によって州事務の執行を義務づけられる場合、その結果生じる費用に関する規定が整備されるものとする。新たな事務の委任または現存する固有事務や委任事務の変更が、市町村または市町村連合全体に追加的費用負担または負担軽減をもたらす場合、それに対応した調整がなされるべきである。詳細は法に定める。
バイエルン	2003.11.10（GVBl.By,S.816,817）	第83条第3項改正	州が市町村に事務を委任する場合、州固有の活動領域の事務の執行を市町村に義務づける場合、ないし現存するまたは新たな事務の執行を特に要求する場合、州は同時にその費用の補填に関する規定を設けなければならない。こうした事務の執行が市町村の追加的負担をもたらす場合、それに対応した財政的調整がなされねばならない。
		第83条第7項新設	自治体の代表団体は、市町村ないし市町村連合に関わる問題が法ないし法令によって規制される前に、州政府によって適時に聴聞されねばならない。州政府は牽連性原則（第3項）の実現のために、自治体代表団体との協議を行うものとする。
ノルトライン・ヴェストファーレン	2004.6.22（GV.NW.,S.360）	第78条第3項（下線部追加）	州は市町村および市町村連合に対し、法律または法令によって特定の公的事務を引き受けて執行することを義務づけることができるが、その際同時にその費用の補填に関する規定を定めなければならない。<u>新たな事務の委任または現存の委任事務の変更がそれに関わる市町村または市町村連合に大きな負担をもたらす場合、法律または法令によって、生じる費用の算定に基づいて、発生する必要で平均的な支出に対して相応する財政的調整がなされなければならない。その支出補填は包括的に支給されうる。事後的に費用算定から大きな乖離が生じた場合、財政的調整は将来に向けて適応させられなければならない。第2文から第4文に関しての詳細は法で定めるが、その際費用算定の基準を定めるとともに、自治体代表団体の参加に関する規定を設けなければならない。</u>

体に新たに義務的事務を課す場合、および基準の変更や社会経済情勢の変化によって義務的事務にかかるコストが大きくなった場合、こうした負担増の原因を作り出した立法者である州は、その費用を財政調整を通じて自治体に適切に配分しなければならない、ということである。

この趣旨での州憲法改正は2000年代前半に多くの州で取り組まれ、実現されているが（表1-1参照）、その際次のような規定を盛り込んでいることが注目される。第一に、州から自治体に移転される財政調整財源総額の決定手続きに関して詳細に規定すること、第二に、財政調整の総額や配分方法の決定に際して州が自治体代表団体と協議を行うこと、である。

ハルツ改革は自治体と連邦との関係が主であるため、こうした自治体・州間の行財政関係とは別の困難があり、牽連性原則を連邦基本法に盛り込むという自治体の要求は実現に至ってはいない。しかし、第4章で述べる連邦制改革の結果、連邦が自治体に対して直接に事務を委任することは禁止され、あくまで州の法律に基づいて行われることが明確にされた。これによって自治体が主張する牽連性原則は、専ら州政府に対しての要求として行われることになった。とはいえここでは、社会扶助費負担に関する自治体の不満がこうした理論的裏づけと共に提出されていたことを確認するにとどめておきたい。

2．雇用政策をめぐる自治体と連邦政府

（1）　自治体における「就労扶助」への取組み

高失業の下で社会扶助費が膨張し、自治体の本来的自治事務を圧迫していた状況は、前述のように自治体にとって多くの矛盾を孕むものであった。とはいえ自治体はそれに対して手を拱いていたわけではない。自治体が社会扶助受給者への自立・就労支援に取り組むことによって受給者を一般労働市場（社会保険適用の雇用）に統合することができれば、自治体は社会扶助費をそれだけ削減できるばかりでなく、元受給者が再度失業したとしても、その後は失業保険の網で受け止められることになる。その意味で、自治体が社会扶助受給者の自立・就労支援に取り組むことは、その負担を失業保険制度へと押し戻す意味を

もっていた。

　当時の連邦社会扶助法第18条〜第20条は、自治体が「就労扶助」HzA という施策に取り組むべきことを定めていた。連邦政府は96年に同法を改正し、従来あった就労扶助の規定を拡充強化するとともに、自治体が提供する職への就労や教育訓練を拒否する受給者への罰則規定をも盛り込み、就労扶助政策の促進を図ったのであるが、それによると自治体は次のような就労支援施策を行うものとされていた。すなわち、一般労働市場で雇用された社会扶助受給者への最長6ヶ月の付加的給付（第18条第5項）、雇用主に対する補助金（第18条第4項）、若年失業者に対する雇用機会創出（第19条第1項）、一般労働市場でない職（公的雇用や非営利団体等の雇用）への就労に対する労働対価や追加費用補償（第19条第2項）、扶助申請者への職業訓練・職業教育機会の提供と当該期間における生活扶助プラス追加費用補償の支給（第20条）等である。このうち特に19条第2項は最も多く活用された手法といえるが、報酬方式と追加費用補償方式の二つからなっていた。報酬方式（Entgeldvariante）は主に自治体が設立した雇用公社等での社会保険付き雇用であり、追加費用補償方式は社会保険のない有期の公益的・追加的就労である。後者は第2章で述べるハルツ改革後の「就労機会」に継承されることとなる。

　とはいえ、自治体は連邦によるこのような就労扶助強化策以前に、すでに80年代から積極的な労働市場政策に取組み、多くの実績を挙げていた。[14] 90年代半ばにドイツ都市会議は加盟都市に対して就労扶助の実施状況についてアンケート調査を実施しているが、それによると自治体の取組みは次のような状況であったことがわかる。[15] 93年時点での調査に比較して、96年現在の調査結果では、自治体の就労扶助による雇用総数は67％も増加したとされる。雇用形態別でいえば32％が自治体、11％が公営企業、7％が民間企業、23％が福祉団体、その他民間団体27％となっているが、自治体の規模によってこの比率は多様であるほか、93年調査に比べると徐々に自治体雇用から民間雇用へのシフトがみられることも指摘されている。なお、アンケートに回答した186都市のうち157

　14）　就労扶助政策については、布川編（2002）および武田（2003）参照。
　15）　Fuchs（1997）.

都市において、市が全額出資ないし共同出資する雇用創出企業——雇用公社と呼ばれる——が設立されており、受給者の職業教育訓練、公益的雇用、民間企業への就労斡旋等の業務を担っていた。96年の実績に基づく同調査の推計では、この就労扶助の枠組みによる雇用創出はドイツ全体で約20万件、出資企業による雇用創出はそのうち12万件とされている。以上のように、自治体による就労扶助は、特に失業問題が深刻さを増していた90年代半ば以降、大きな成果を挙げるに至っていた。

(2) 就労扶助をめぐる自治体と連邦の軋轢

就労扶助は遅くとも90年代には自治体社会政策の独立した政策分野として確立されており、活性化指向の現代的雇用政策におけるイノベーションの核へと発展していた。このイノベーション力は後述する求職者基礎保障の認可自治体モデルへの申請の動きにつながっているとされる[16]。特に、失業率の高い自治体では労働市場政策の専門性を培う効果ももたらした。また、ドイツでも雇用政策は連邦政府の役割と考えられてきた面があり、自治体の労働市場政策は連邦の雇用促進システムのサブシステムないし補完システムにすぎないと考えられてきた。しかし就労扶助の成果は、こうした労働政策の集権化に対する「再自治体化」[17]ともいえる動きをもたらしたといえる。

他方で、こうした自治体の取組みは、連邦政府との間の軋轢をもたらすものでもあった。前述のように就労扶助は、社会扶助受給者を社会保険義務のある雇用に就かせることによって、再失業時にも社会扶助に戻ることがないようにする意味を持っていた。すなわち、雇用保険に加入して一定年数勤続できれば、その後再度失業したとしても、失業保険の給付を得ることができ、さらにその後は失業保険のもうひとつの給付である失業扶助（税財源による無期限の給付—当時）を受けることができたためである。それゆえ、自治体が自ら出資する雇用公社で社会保険つきの就労を提供することによって、社会扶助受給者を

---

16) Kaps (2012),S.265.
17) Buestrich (2011),S.148.

雇用保険の枠組みに押し戻すことが可能だった。社会扶助の財政負担に喘ぐ自治体による一種の正当防衛的措置あるいは労働市場政策の「消極的な自治体化[18]」ともいえる。これは社会扶助から雇用保険への「転轍機 Verschibebahnhof」あるいは「回転ドア Drehtür」と呼ばれ、こうした事例が増えることによって雇用保険財政ないし失業扶助の負担者である連邦財政の悪化をもたらすことになった。ここに至って社会扶助受給者の増加は、自治体財政の問題に限定されず、連邦レベルの財政問題としても焦眉の課題となったのである[19]。

（3）　連邦政府によるモデルプロジェクト MoZArT

　自治体による前述の地域的な雇用政策の実績に加え、2001年からは就労扶助における労働局 Arbeitsamt と自治体との連携も試みられるようになった。2000年12月の「労働局と社会扶助実施主体の協働改善のための法律[20]」に基づくモデルプロジェクト MoZArT がそれであり、後述するハルツ改革の予備実験ともいえるものである。連邦雇用庁の地方機関である労働局は、失業保険の枠組みにおける給付および職業斡旋・訓練を実施していたが、自治体の就労扶助が活性化するにつれ、労働局と自治体との連携のあり方が問われるようになってきていた。もとより自治体は連邦社会扶助法の実施主体であり、労働局は雇用促進法の実施主体というように、拠って立つ法的枠組みも異なり、また自治体と連邦という異なる政府レベルの機関であるという相違はあった。とはいえ、失業者への就労支援という施策において、両者の業務には多くの共通点があり、また特に失業給付のうち税財源による失業扶助に関しては、その給付水準が低かったことから社会扶助を併給するケースも多く、両者の連携の必要性はかねてより叫ばれてきたところではあった。

　こうした状況を受け、連邦政府が01年からの２年間を期限に、30団体を指定して実施したパイロット・プロジェクトが MoZArT である。両主体の連携と

---

18)　Buestrich (2011),S.148.
19)　Hassel/ Schiller (2010),S.114.
20)　Gesetz zur Verbesserung der Zusammenarbeit von Arbeitsämtern und Träger der Sozialhilfe vom 20.November 2000,BGBl.I,Nr.51.

は次のような内容をもつものである。第一に、社会扶助受給者と失業扶助受給者に関するデータを相互に交換し、把握しあうこと。第二に、自治体と労働局が共同で設立した機関（ジョブセンター）に対してそれぞれの業務を委託すること。第三に、両者の就労支援措置を相互の受給者に対して開くこと、すなわち雇用促進法に基づく就労支援措置を社会保険上の受給要件を満たさない生活扶助受給者に、また連邦社会扶助法に基づく就労扶助措置を社会扶助受給者でない失業者に、それぞれ適用しあうこと、である。

このプロジェクトの結果については、プロジェクト期間終了後の03年10月に記者発表において短評がなされた後、04年7月には最終報告書が出されている[21]。そこでは幾つかの解決されるべき問題が指摘されているものの、概ね自治体と労働局の協働に関しては積極的な評価を下し、その時点ですでに成立していたハルツ第4法の下で、この協働がさらに進展することを期待するものとなっている。

（4）　市町村財政改革委員会

そもそも「ハルツ第4法」の生みの親であるハルツ委員会は、ドイツにおける高失業への対策として、労働市場政策の活性化を目指す目的で設置されたものである。しかし同時に、この労働市場政策ないし社会扶助と失業扶助の統合という検討課題は、自治体財政の建て直しをも射程に含むものであった。ハルツ委員会と並行して02年に市町村財政改革委員会が設置されたことは、まさにこの事情を背景としている。ドイツの連邦制的財政システムの中で、自治体財政は往々にして上位団体の財政負担のツケを引き受けるという地位に置かれてきた。すなわち、分権化の下で事務事業の地方移譲が進む中、それに対応する十分な財源移転が行われてこなかったのである。この結果生じた深刻な自治体財政危機への解決策を探ることが同委員会の任務であった。

---

21)　Infas (Institut für angewandte Sozialwissenschaft GmbH), MoZArT: Neue Strukturen für Jobs. Abschlussbericht der wissenschaftlichen Begleitforschung, Stand: Juli 2004, Bundesministerium für Wirtschaft und Arbeit Dokumentation Nr.541.

22)　営業税改革をめぐる議論とその顛末については武田（2004a）および関野（2005）参照。

同委員会には、市町村税部会と社会扶助／失業扶助部会とが設けられた。このことからも察せられるように、営業税を中心とする市町村税の拡充と、社会扶助改革による自治体の負担軽減とが、自治体財政再建の両輪と位置づけられていた。しかし、営業税改革については財界の強い反発もあって同部会での合意がならず[22]、他方で社会扶助／失業扶助部会は前述のハルツ委員会と同様に、両給付とその実施体制の統合を勧告する結果となった。両部会の結論を経て開催された市町村財政改革委員会では、この問題に関して最終的な決着を得るに至らず、結論は連邦議会と連邦参議院との合同による調停委員会に委ねられた。その結果、市町村税改革はひとまず措かれたまま、社会扶助改革が先行的に実施されることとなった。それゆえハルツ改革は、頓挫した市町村税改革の分まで、自治体財政への負担軽減という課題を担うこととなったのである。

3．求職者基礎保障の概要

（1）　失業扶助と社会扶助の統合とその実施主体

　求職者基礎保障を導入したハルツ第4法の成立までに、ハルツ委員会はわずか1年弱の間に労働市場政策改革に関する三つの法律（労働市場における現代的サービスのための第1～第3法[23]）を相次いで成立させている[24]。第1法および第2法は2003年1月に施行されたものであり、有期雇用の規制緩和や労働者派遣法の改正などの非正規雇用の拡張と、手工業における起業要件の緩和、僅少労働（ミニジョブ[25]）の導入等を主内容とした。また2004年1月に施行された第3法は、主として連邦雇用庁の組織再編に関わるものであった。すなわち、「連邦

---

23)　Erstes Gesetz für moderne Dienstleisteistungen am Arbeitsmarkt, BGBl.I, 2002, S.4607;
　　Zweites Gesetz für moderne Dienstleisteistungen am Arbeitsmarkt, BGBl.I, 2002, S.4621;
　　Drittes Gesetz für moderne Dienstleisteistungen am Arbeitsmarkt, BGBl.I, 2003, S.2848;
　　Viertes Gesetz für moderne Dienstleisteistungen am Arbeitsmarkt, BGBl.I, 2003, S.2954.
24)　ハルツ第1から第3法までの労働市場改革に関する邦文の研究としては、大重（2007）正井（2011）、佐々木（2010）、保住（2010、2011）等がある。
25)　家事援助や手仕事等にみられる月400ユーロ未満の低賃金セクターであり、社会保険料が軽減されている。

雇用庁」Bundesanstalt für Arbeit は「連邦労働エージェンシー」Bundesagentur für Arbeit に改組され、その地域機関は「労働局」Arbeitsamt から「労働エージェンシー」Arbeitsagentur に改められた。以下の叙述では、連邦労働エージェンシーを BA、労働エージェンシーを AA と略すこととする。

　さて、2005年1月に施行されたハルツ第4法の主な内容は、連邦社会扶助法を「求職者基礎保障法」（社会法典第2編、以下 SGBII）および「連邦社会扶助法」（社会法典第12編、以下 SGBXII）とに再編するものであった。SGBII の表題が示す通り、この法律は稼働能力ありと判定される長期失業者（失業保険給付の給付対象外となる者）に対して、生活保障給付を行うとともに、その社会生活・職業生活への統合を支援する各種プログラムを提供することを定めたものである。これに対して稼働能力なしと判定されたケースについては SGBXII の対象とし、この部分は従来の社会扶助と同様、自治体によって担われるものとなった。

　また同時に同法は、従来社会法典第3編に規定されていた失業給付のうち、失業扶助の部分を分離し、これを SGBII に統合するものでもあった。失業扶助とは、旧連邦雇用庁が管轄した失業給付であり、保険原理に基づく失業手当の給付期間が終了してなお失業状態にある場合に、無期限・税財源による所得保障（失業手当より給付水準は低い）を行うものであった。同改革により、従来の失業手当は失業手当 I と名称変更され、失業扶助と社会扶助とが失業手当 II として統合されることになった。これは同時に、失業扶助の給付業務を行っていた AA と、社会扶助の給付を行っていた自治体社会局との関係を再編するものでもあった。これは前述 MoZArT の延長上に位置づけられ、AA と自治体社会局との協同組織の設置を可能にする仕組みを盛り込んでいる。つまり、AA の施設であるジョブセンター内に、AA と自治体の協定に基づいて協同体（ARGE）を設置し、双方から職員を派遣して運営するものである。職業訓練・職業斡旋という点で専門性をもつ AA と、長期失業者の抱える個人的問題——依存症、負債、家族問題等——へのケアに専門性をもつ自治体社会局とが、相互の資源や経験、専門性を共有して協働していくという仕組みであり、これが同法の眼目のひとつであるといえる。

ところで、ハルツ第4法施行半年前の04年7月30日付で、SGBIIの施行主体をめぐって同法には大きな改正がなされたという経緯がある[26]。この改正は、同法の実施主体をAAと定めていた当初の規定に対して、自治体が単独で実施主体となる選択肢を実験条項で追加したものであり、この結果同法の実施主体には次の三つの選択肢が設けられることとなった。この選択肢の詳細は第4章で論じるが、ここでは概略を示しておきたい。

　第一に、AAと自治体とがそれぞれにSGBIIに定められた給付を別々に実施する方法である。第6条第1項第1号は、同法の実施主体が原則としてはAAであることを定め、また同第2号は、自治体統合給付（第16条）、住居暖房費の給付（第22条）などについては郡および郡格市が実施することを定めた。この規定に則して、AAと自治体が協同組織を作らずに、それぞれ独立してその業務を実施するという方法が選択肢のひとつとなり、「分離モデル」と呼ばれた。

　第二に、AAと自治体とがARGEを設立し、第一の選択肢におけるAA、自治体それぞれの実施業務を統一的に行うものである。ARGEは第44b条に定められる組織であり、私法上または公法上の契約によって設立され、その組織形態は参加する主体、地域の労働市場、経済構造の特殊性を考慮したものとされている。

　第三に、第6a条（実験条項）の定める選択肢として、第一の選択肢においてAAが実施するとされている業務も含めて、自治体が実施主体となるものである。実験条項としての性格上、この選択肢を導入するのは69自治体に限定された。

　第6c条は、連邦経済労働省[27]がこれら選択肢のパフォーマンスを比較し、2008年12月31日までにその効果を検証・評価することを定めた。すなわち、上記三つの選択肢は08年末までのあいだ、相互にその成果を競い合うことになったのである。とはいえ、第一の方法（分離モデル）を選択している自治体はご

---

26)　Gesetz zur optionalen Trägerschaft von Kommunen nach dem Zweiten Buch Sozialgesetzbuch vom 30. Juli 2004, BGBl. I, S. 2014.
27)　2005年の総選挙までの名称。その後エネルギー部門を分離させて連邦労働社会省となる。

くわずかであり、実質上協同体モデルか認可自治体モデルか、という比較が専ら関心を集めた。

（2） 費用負担関係と改正条項

さて、SGBIIにおける財政負担は次のような構造になっている。まず、連邦は事務費を含む求職者基礎保障の費用を負担する（第46条第1項）。これは、執行主体がARGEでも認可自治体でも同様である。労働統合給付と事務費に関しては包括定額化され、各執行主体に受給者数に応じて配分される（第46条第2項）。また、従来は生活扶助とともに自治体負担による住宅扶助が付加されており、この部分は連邦・州の折半による住宅手当制度を通じて費用負担されていた。SGBIIにおいては受給者に対する住宅手当が廃止され[28]、そのかわり自治体の負担による住宅暖房費が別途給付されることとなった（第22条）。ただし、連邦はこの住宅暖房費の一定割合（当面29.1％）を補助することとされている（第46条第5項）。

なお、SGBIIの制定当初の条文では、住宅暖房費給付は全額自治体負担とされていた。すなわち、生活保障給付と住宅費用給付との負担関係を自治体と連邦の間で交換したような形である。しかし、前述の第二次改正（04年7月30日）は、認可自治体モデルの実験条項とともに、この費用負担関係に関する大きな改正をも含んでいた。成立当初のSGBIIでは受給者への住宅暖房費給付は全て自治体負担とされていたが、自治体の財政負担を25億ユーロ軽減するために、住宅暖房費に対する連邦負担を導入することとしたのである[29]。

この25億ユーロという数字の根拠は定かではないが、この間の連邦政府による減税政策の下で市町村の損失が、2004年については35億ユーロ（うち22億が直接的な税減）[30]とされていることから、こうした数字をもとに、両院調停委

---

28) 住宅手当はWohngeldgesetz vom 14. Dezember 1970, BGBl. I, S. 1637.に定められ、一定の所得制限の下で普遍的な住宅費用への給付として実施されてきた。ハルツ第4法によって改正され、各種社会給付の受給者は対象外とされた。
29) Beschlussempfehlung des Vermittlungsausschusses vom 30. Juni 2004, Bundestag Drucksache Nr. 15/3495.
30) Pressmitteilung des Deutschen Städtetags vom 3. Juli 2003.

員会において自治体との妥協の途を探った結果ではないかと考えられる。この妥協によって、ハルツ改革実施に難色を示していた自治体代表団体との合意を得ることができ、改革はようやく路線に乗ったものともいえる。前述の連邦の住宅費補助率29.1％は、この25億ユーロの自治体負担軽減を前提として逆算して求められたものである。

　さて、第二次改正によって追加されたSGBII第46条第5項以降をみてみよう。まず第5項は次のように定める。「連邦は第22条第1項に基づく住居および暖房に対する給付について、自治体が労働市場における現代的サービスのための第4法による年額25億ユーロの負担軽減を保障する目的で、費用負担を行う。」すなわちSGBIIの条文本文において自治体の負担軽減額25億ユーロが明記されたことになる。その上で第6項は、05年については連邦の住宅費負担率を29.1％と定めるが、その後のこの負担比率の見直し方法を定める次のような規定をも盛り込んでいる（このことから「改正条項Revisionsklausel」と呼ばれる）。「この比率は2005年3月1日および2005年10月1日に検証される。検証の結果、自治体に対する年25億ユーロの負担軽減を超過あるいは不足していた場合には、連邦の負担率は2005年1月1日に遡ってこれに対応するよう調整される。2005年10月1日の検証においてはさらに、2006年に関する連邦負担比率を定める。」さらに第7項、第8項は07年以降についても同様に検証に基づく連邦負担比率の見直しを行っていく手続きを定めている。第9項はこの検証方法に関する詳細な規定を同法付則で定めるとした。

　「付則」は、この改革によって自治体にもたらされる負担軽減要素と負担増加要素とを列挙し、前者が後者を25億ユーロ上回るように連邦負担比率を算出する際の計算方法や基礎にする統計について、極めて詳細に規定している。これに従って自治体にとっての財政負担の増加・軽減要素を整理すると次のようになろう。なお、図1-3はこの負担増減の主なものについて簡略に図式化したものである。自治体の主たる負担増加要素は、SGBII受給者に対する住宅暖房費給付である。その他、受給者の抱える個人的問題（依存症、負債、家族問題

31）　例えば都市会議の報道発表参照：Pressmitteilung des Deutschen Städtetags vom 1. Juli 2004.

等）への相談・支援である自治体統合給付、これらの給付に必要な人件費・物件費等、および旧制度に基づく住宅手当が付則には挙げられているが、これらについては図では省略している。他方自治体の負担軽減要素の主なものは、旧連邦社会扶助法に基づく社会扶助給付のうち、SGBII 受給者に相当する部分の生活扶助 HLU である。その

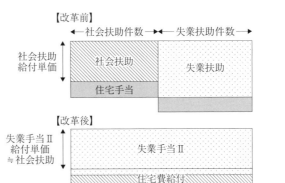

図1-3　自治体・連邦の財政負担関係の変化

〈注〉社会扶助受給者のうち、稼働能力なしと認定された者は他法の対象となった。この分については上図では省略している。

他に旧法に基づく就労扶助や、これら給付に要した人件費・物件費等が挙げられているが、これらについても図では省略している。なお、州については従来連邦と折半で負担してきた住宅手当分が廃止されることで、全くの負担減となる。しかし、この州の負担軽減分については全て、自治体への財源移転として取り扱われることが前述の両院調停委員会で定められ、その配分方法については各州の立法に従うこととなった[32]。

　以上のような、住宅費の連邦負担率の算出方法とその改定をめぐる詳細な規定の仕方は、前述の州・自治体間関係における牽連性原則と両者の協議という各州での動きを髣髴とさせる。SGBII のこうした規定は、州・市町村間の行財政関係をめぐる軋轢とそこから得た経験を、連邦・自治体間関係に適用した典型例とも考えられる。とはいえ、財政負担に関する連邦と自治体の間のこのような整理が運用上どのように機能したのかについては第6章で論じていくこととする。

---

32) Pressmitteilung des Deutschen Städtetags vom 1. Juli 2004.

小　括

　以上の検討を踏まえ、「はじめに」で提起した二つの論点に立ち返って、ハルツ改革と自治体財政の関係についてまとめておきたい。

　第一に、自治体は長期失業者の社会生活・職業生活への統合においてどのような役割を果たし、それがこの改革でどのような変貌を遂げようとしたのか。90年代の社会扶助費の膨張の中で、自治体は就労扶助政策を通じて、地域的な雇用政策や長期失業者への人的ケアに関する経験を積み上げてきた。SGBIIにおける認可自治体モデルの導入は、こうした自治体の実績を無にせず、地域経済社会に対する政策的影響力を保持しようとする自治体の矜持の表れとみることができる。また他方で、MoZArTを通じて形成されたAAと自治体の協働の経験は、両者のもつ専門性や資源を共有することによって、長期失業者への効果的な自立支援を生み出そうとする試みであり、これがARGEという両政府をまたがる協同体モデルの先鞭となった。いずれの実施主体が望ましいのかは一概に判断することはできないが、こうした実施主体の選択肢はその後に火種を残すことになる。この点については第3章から第5章で詳述する。

　第二に、この改革によって、自治体の財政問題、特に社会扶助費負担が本来的自治事務を圧迫していた自治体の状況はどのように改善されようとしたのか。SGBIIは、自治体にほとんど裁量の余地がないとされてきた稼働能力ある生活困窮者への生活保障給付を、自治体負担から連邦負担へと転換するという点で瞠目すべきものであった。自治体が主張してきた牽連性原則、「注文した者が払え！」という要求は、この点で実現されたといえる。しかしこれと引き換えに自治体には住宅費給付という新たな負担が課されることとなった。自治体の裁量のなさという点では、生活保障給付も住宅費給付もほとんど変わるところはない。従ってこの住宅費給付において、自治体の権限なき負担はその後に火種を残したといえる。とはいえ、SGBIIに盛り込まれた住宅費に対する連邦の負担金と、その負担率の決定手続きとは、この問題の解決に大きな手掛かりを与えるものとなった。自治体はこれまで、州との財政関係の中で、州憲法

に牽連性原則を盛り込み、またそれを保障する財政負担関係の検証手続きやこれらの過程への自治体の参画、州と自治体の協議といった担保手段を勝ち取ってきた。SGBIIに盛り込まれたこの規定は、州との関係において構築された成果を、自治体と連邦の間の財政関係に適用したという点で画期的なものといえる。しかし、SGBIIに約束された25億ユーロの自治体財政負担の軽減が果たして実現されたかどうか、自治体の財政負担問題が解決したのかどうかについては、その後の経緯をみなければならない。これについては第6章で詳述することになる。

第2章

求職者基礎保障の手法と運用

はじめに

　ハルツ改革の最大の目的は、長期失業者に対する給付・支援を「ひとつの手から」行う体制を作り、その社会生活・職業生活への統合を促すことにあった。すなわち、BA-AA が実施主体であった雇用促進法の枠組みの下での失業扶助と、自治体が担ってきた社会扶助における就労扶助とは、いずれも長期失業者や労働市場で不利な条件を抱える人々を多く含んでいた。また、失業扶助が最低生活費に満たない場合には社会扶助で補完するという併給の事例も少なくなかった。また前章でみたように、就労扶助において当時の労働局のもつ斡旋資源を活用するということも徐々に増加してきていた。この二つの類似した給付と労働統合支援とを一元化することは、長期失業者が抱える固有の問題を踏まえ、それに対応した支援策を組み立てることによってより包括的・効率的な就労支援を可能にし、同時に BA-AA および自治体双方の事務負担削減にもつながると考えられたのである。

　本章ではまず、受給者の動向や属性を明らかにし、彼らに対する生活保障給付や労働統合給付の概要と変遷および提供の仕組みを概観する。その上で、長期失業者に対する焦点的な施策について取り上げる。その際、労働市場において不利性をもつ、ないし斡旋阻害要因をもつ長期失業者に対する支援のあり方として、地域的な諸主体間の連携が重要となることに着目し、次章以降で検討する認可自治体モデルの背景となる事情を明らかにする。

1．受給者の動向

（1） 改革前後の受給者数

　ハルツ改革は、社会保障の最後の網としての社会扶助制度と、失業保険制度とをあわせて再編するものであった。これによって、1年未満の失業者は社会法典第3編（SGBIII）、1年以上の失業者は社会法典第2編（SGBII）、そして高齢者および稼得能力のない生活困窮者は社会法典第12編（SGBXII）の下でそれぞれ給付を受け、社会的・職業的統合へのサービスを受けることとなった。SGBIIにおける「求職者」としての受給権者は、15歳以上65歳未満で稼得能力がある要扶助者（第7条）である[1]。ただしこの上限年齢は、年金受給開始年齢の引き上げと連動して徐々に引き上げられる予定となっている（第7a条）。稼得可能とは、一般労働市場の通常の条件下で少なくとも1日3時間稼得活動に従事することができる状態を指す（第8条）。つまり、この年齢要件と稼得可能性要件とでSGBIIとSGBXIIの線引きがなされているのである。

　図2-1は改革前後の受給者の変化を示したものであるが、ここから次のようなことが読み取れる。第一に、旧社会扶助制度のうち、障がい者や高齢者を対象とする特別扶助は、2003年に導入された「高齢・稼得減少時基礎保障」Grundsicherung im Alter und bei Erwerbsminderung を経て、2005年にはSGBXIIに再編された。この制度改正の結果、ハルツ改革前の特別扶助受給者数とハルツ改革後のSGBXII給付受給者数とはほぼ連続性をもって移行したことがわかる。第二に、改革前の失業手当受給者数は失業手当Ⅰ受給者数と連続性をもっている。失業手当ⅠはSGBIIIに基づく保険原理による失業給付であり、旧失業手当を単に名称変更したものである。そして第三に、SGBII受給者であるが、社会扶助の「施設外生活扶助」受給者と、失業給付のうちの「失業扶助」受給者との合計がほぼSGBII受給者に移行していることが見て取れる。ただし、この点についてはもう少し詳しくみておきたい。というのは、制度導

---

[1] 以下、特に断らない限り、条文は2014年3月現在のものを用いる。

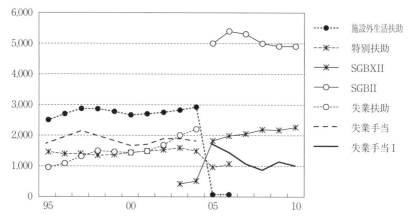

図2-1 各種生活保障給付受給者数の変遷 （千人）

〈資料〉BMAS, Statistisches Taschenbuch; Statistik der BA(b)より作成。

入当初、SGBII受給者が予想以上の増加をみせたという経緯があるためである。図2-1でも、失業手当I受給者（SGBIII）が改革後に減少傾向をみせているのに対し、SGBII受給者数（失業手当II受給者とその被扶養家族）が05年から06年にかけて増加していることがわかる。

　制度移行前後の受給者の変化を示したものが図2-2である。これによれば、改革前の稼得能力ある社会扶助受給者と失業扶助受給者の重複を除く合計は386万人であったのに対し、改革後の失業手当II受給者は450万人にも達していた。この増加の主な要因は、失業扶助受給者の被扶養家族の取り扱いにある。[2] 従来の失業手当・失業扶助および改革後の失業手当Iは、個人単位の給付であり、失業者の扶養家族への給付を含まない。これに対してSGBIIは従来の社会扶助と同様、世帯を単位とする給付であるため[3]、改革前の失業扶助受給者の被扶養家族も稼得能力の有無によって失業手当IIまたは社会手当Sozialgeldの給付対象となる。

2）　Bundesagentur für Arbeit（2005）,S.7.
3）　正確には需要共同体Bedarfsgemeinschaftといい、生計を一にする単位を指し、婚姻・家族関係を含意しないが、以下では煩雑さを避けるため「世帯」とする。

図2-2 社会扶助・失業扶助から求職者基礎保障への転換

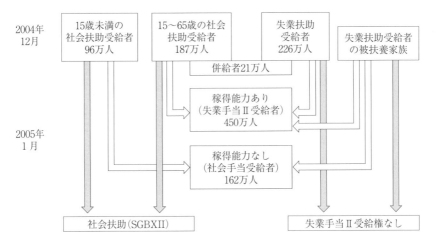

〈資料〉Bundesagentur für Arbeit(2005)より作成。

　また、連邦議会での政府答弁では次のような説明もなされている[4]。SGBII受給者の増加傾向の理由の第一は、求人の伸び悩みである。景気は回復基調にあったものの、労働市場の動きはなお鈍く、特にSGBIIの受給者である長期失業者にとっては就労先の確保が困難な状況であった。第二に、新制度施行前の政府の予測は、社会扶助受給者のうちの就労能力のある者と失業扶助受給者とを合わせ、両給付の重複分を除いた件数を基礎として算出したものであった。しかし蓋を開けてみると、SGBIIの申請者には、いずれの給付も受けていなかった人々が相当数含まれていることが明らかになった。これには、SGBIIでは資産算入が社会扶助より緩やかになったことや、これまであまり活用されてこなかった一時給付の受給者が増えたことなどの要因が考えられる。しかしより本質的な理由として、社会扶助の下で申請を躊躇させる要因であったスティグマが、「失業手当II」という名称の下では相対的に薄くなったことが挙げられている。答弁において引用されている研究によると[5]、社会扶助の受給要

4） Deutscher Bundestag Drucksache 16/1589, 23.05.2006.

件を満たす低所得世帯のうち、43％が社会扶助を申請していなかったとされるが、その理由の多くが社会扶助をめぐるスティグマの存在であったとのことである。第三に、純然たる失業者ではなく、就労はしているものの低収入であり、所得を補完する手段として失業手当Ⅱを受給するケースが予想以上に大きかったことが挙げられている。05年時点でこうした受給者は約90万世帯、受給世帯の約20％も占めていた。

（2） 受給者の属性

　そもそも失業者とは、雇用関係にない、あるいは週15時間未満の雇用関係にある人で、週15時間以上の社会保険義務のある仕事を求め、AA あるいはジョブセンター[6]に登録する人であり、15歳以上から年金受給年齢に達しない年齢までの人をいう[7]。その上で、SGBⅢ、SGBⅡがそれぞれ定める給付のいずれに請求権をもつかによって、SGBⅢ失業、SGBⅡ失業という捉え方ができる。すなわち、SGBⅢ失業は1年未満の失業者であり、SGBⅡ失業は1年以上失業状態にある人またはSGBⅢの給付への請求権をもたない失業者である。図2－3はこの二種類の失業者数の変化を表したものであるが、両者の変化には次のような相違があることが窺われる。

　まず、改革当初から2008年頃までについていえば、その間の景気回復による求人の増加を背景にSGBⅢ失業は急速に減少していたことがわかる。SGBⅡ失業者も06年半ば以降減少には転じたものの、減少の度合いはSGBⅢ失業に比べて緩やかである。景気の好転がまず短期失業者の労働市場を改善するものの、長期失業者にとっての雇用情勢が改善するにはかなりのタイムラグがあることがわかる。

5）　J.Wilde,A.Kubis,Nichtinanspruchnahme von Sozialhilfe,in: Jahrbücher für Nationalökonomie und Statistik,2005,Bd.224/ 3 .

6）　ジョブセンターはハルツ改革当初は AA 内に置かれるものを指したが、2011年のジョブセンター改革後は、認可自治体および協同機関（gE、旧 ARGE）それぞれの事務所をジョブセンターと総称することとなっている。

7）　Statistik der Bundesagentur für Arbeit,Glossar.

これとは逆に、2008年末から2010年前半の、いわゆる世界金融危機の局面では、SGBIII失業の方が明確な上昇を示している。ドイツでは、連邦政府による操業短縮手当の大盤振る舞いによって失業率上昇を食い止めた経緯があるが、それでもこの時期には短期失業者が若干増加していたことがわかる。同時期にSGBII失業も増加を示しているものの、その変化はSGBIII失業より緩やかである。その後2010年後半以降には雇用情勢は改善に向かい、SGBIII失業は金融危機前の水準を下回って推移している。

　全体として、ハルツ改革以降失業者数は減少傾向を辿ってきているといえるが、上記の状況から、失業者の二極化傾向が明確になってきている面も明らかである。SGBIII失業は、経済情勢に敏感に反応して増減し、雇用情勢が悪化しても比較的短期間の失業期間を経て再就職を果たす傾向がある。しかしSGBII失業は経済情勢に対する反応が鈍く、景気が改善しても直ちに失業が減少するわけではないということである。すなわち、長期失業は景気動向とは無関係な要因、多くは失業者自身が抱える就労阻害要因に規定されているのである。

　そこで次に、SGBII受給者の特性をより詳しくみてみたい。図2-4は受給世帯の構成員数の状況を示したものであるが、次のような特徴が見て取れよう。まず、受給世帯の半分以上は単身世帯が占めている。25歳未満の単身者は原則として親と同一世帯と見なされるため、ここには25歳以上の若年世帯が多く含まれると考えられる。次いで多いのが、全体の2割程度を占める単親世帯である。受給世帯数が全体的に減少傾向にある中で、この二つの世帯形態はほとんど減少しておらず、横ばい状態にある。世帯内に複数の稼得可能者が含まれうる他の世帯形態に比べて生活困窮リスクが大きいこと、また労働市場に再び参入する上での困難を抱えがちであることが窺われる。さらに、図には示していないが受給者の2割程度が外国人であり、この比率もわずかながら増加傾向にある。前述の世帯形態と同様に、やはり長期失業に陥るリスクが高いと考えられる。

　また図2-5は、稼得能力ある受給者のうち、稼得収入のある者が一定数みられることを示している。受給者総数が減少する中で、稼得収入のある受給者はほぼ横ばいに推移しており、2007年の23.1％から2013年の29.6％へとその比

図2-3 失業者数の月別推移

〈資料〉Statistik der BA(b)より作成。

図2-4 SGBII受給世帯の構成

〈資料〉Statistik der BA(i)より作成。図2-5も同様。

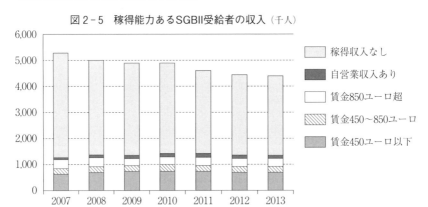

図2-5 稼得能力あるSGBII受給者の収入

重を高めつつある。不安定雇用ないし低賃金雇用に従事していたり、自営業でも低収入であったりする、いわゆる「ワーキング・プア」層である。SGBIIは法律の名称は「求職者」基礎保障であるものの、失業状態ではない生活困窮者が給付対象の少なくない割合を占めていることが注目される。また、図には示していないが、失業手当Ｉの給付が低額であって、最低生活費を満たしていない場合には、失業手当Ⅱを併給することもある。これら併給者 Aufstocker は稼得能力ある受給者の２％程度を占めている。

以上のように、SGBII 受給者は極めて多様な属性をもった人々から構成されていることがわかる。それゆえ、長期失業者の職業生活への統合を本来的な目的とするこの制度ではあるが、受給者それぞれの状況に応じたきめ細かな支援が必要となる。

２．長期失業者の窓口と給付

（１）　給付のプロセス――「支援と要請」

そこで次に、SGBII の給付を受けようとする人々がどのようなプロセスを経て金銭給付や各種支援措置を受け、職業生活への統合をめざすのかという点をみていきたい。なお、第１章で述べたように、SGBII の実施主体には、ARGE（2011年以降は gE）と認可自治体との二種類がある。この他に AA と自治体とが独立して実施する「分離モデル」もあるが、2011年以降は同モデルは廃止されていることもあり、以下の叙述では捨象する。ARGE では概して従来からAA が開設していたジョブセンターをそのまま窓口とすることが多く、認可自治体においては失業手当Ｉの窓口は AA、失業手当Ⅱの窓口は自治体と、別組織に設けられているという相違はある。とはいえ、いずれも基本的な業務の流れは同一である。以下では同法実施後に行った複数のジョブセンターや自治体でのインタビュー[8]に基づいて、実施の一連の流れを略述したい。

申請者は、まず窓口で簡単な事情聴取を受けた後、申請書用紙を交付され、記入説明を受ける。その後地区や氏名アルファベットによって担当職員を割り振られ、初回相談のアポイントメントをとる。受給者には世帯単位に１人の窓

図2-6　SGBII受給者の労働市場統合への流れ

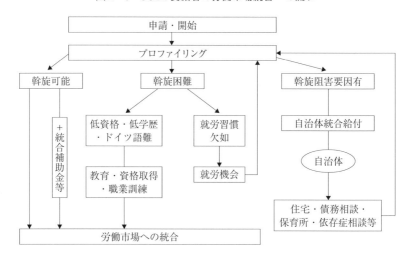

口担当者PAPが指定される（第14条）。ほとんどのジョブセンターでは、職業生活への統合に向けた支援を担うPAPとは別に、金銭給付担当者が指定されている。

　PAPは申請者との対話を通じて、まずはプロファイリングを行う（図2-6参照）。就労経験、学歴や資格状況などの斡旋に関わる情報や所得・資産状態のほか、家族や住居、債務などの状況をも聞き取り、その後の支援方策を検討する。例えば、債務を抱えているがゆえに定職に就けない、薬物やアルコール依存に陥り安定就労ができない、外国人でドイツ語ができない、などの多様な問題を抱えるケースもある。PAPはプロファイル作成を通じて、①これらの問題をまず解決しなければ職業訓練もできない、②職業教育・訓練や資格づけが必要、③即座に就労斡旋可能、というようなレベル判定を行う。

　このプロファイリングをもとに、自立支援に向けたプログラム策定が行われ

8）　2005年シュテンダール郡、フランクフルト・アム・マイン市（以下、本書ではフランクフルト市と略す）ヘキスト地区、2006年ダルムシュタット市、2007年ベルリン市フリードリヒスハイン・クロイツベルク地区、2008年フランクフルト市西地区、ライプチヒ市の各ジョブセンターにて聞き取り。

る。①のケースであればカウンセラーや弁護士を紹介し、斡旋阻害要因の解決を図る、②のケースでは、就労習慣づけの手段としての公益的就労（就労機会）や教育・訓練措置（活性化措置）への参加を求める、というようなものである。こうしたプログラムは本人の同意を得て「統合協定」Vereinbarung として文書化され、一種の契約書としての強制力をもつことになる。統合協定には、職業生活への統合のために受ける給付の内容、受給者に求められる努力とその証明方法等が定められる（第15条）。統合協定は、これらプログラムの進捗や受給者の状況を勘案しつつ、概ね6ヶ月ごとに作成される。

　受給者は、統合協定の締結や労働への統合のためのプログラムへの参加などに関して、積極的な協力を求められる（第2条）。金銭給付やサービス給付等の支援を受けるだけではなく、受給者に要請されることもあるという意味で、しばしば「支援と要請」Fördern und Fordern というスローガンが掲げられる。受給者が統合協定に定められた義務の履行を拒否したり、期待可能な zumutbar 仕事への就職やプログラムへの参加を拒否したりした場合は義務違反と見なされる（第31条）。義務違反がなされた場合には、段階を踏んで金銭給付を減額するという制裁も行われうる（第31a条）。ただし、こうした制裁を行うかどうかは、個々のPAPの判断によって異なっている。

　1人のPAPが抱えるケース数は、連邦基準では150人とされた。しかし実際には200を超えることも多く、400ものケースを担当しているとのジョブセンターもあった。日本の生活保護でワーカー配置標準が80：1であることを考えると、職員配置は極めて少ないと感じられる。ただし、金銭給付業務は他の職員が行うこと、PAPの業務の大半はプロファイリングと統合協定作りおよび各種措置の実施主体との連絡というデスクワークであるという事情がある。05年のSGBII実施当初はPAPの人材不足が著しく、プログラム斡旋業務の遅れも指摘されていた。施行翌年に出されたオンブズ委員会報告では、予想を上回

---

9) 期待可能性とは、労働やプログラムの斡旋が求職者の経歴や能力に見合うことを意味する。例えばある専門的な資格をもつ求職者はその資格に見合わない単純労働の斡旋を拒否することができる。しかし後述するように、大学卒の求職者が「1ユーロジョブ」を提供されるなど、「期待可能性」に基づく斡旋拒否権は空洞化されている傾向にある。

る数の受給申請に対して職員配置が追いついていない状況、BAと自治体の電算システムの相違からくる職員への負荷、求職者への斡旋・統合に向けての業務手順の未確立、職員の身分・労働条件上の法整備の不備等が指摘されている。

なお、AAの職員にはプロファイリングや統合協定の業務経験はなく、ARGEでは当初この業務は専ら自治体の福祉事務所出身の職員（福祉教育士 Sozialpädagoge の資格をもち、ケースマネージャーとも呼ばれる）によって担われていた。実施から日が経つにつれ、AA出身職員にも研修を行い、PAPとして配置するところが多くなっている。

（2） 生活保障給付

前述のように、SGBIIは世帯単位の給付であり、世帯構成員の所得・資産状況や稼得能力等を踏まえた上で、次のような生活保障給付が行われる。まず、稼得能力ある世帯構成員については、失業登録あるいは各種教育・訓練措置への参加を前提に、失業手当Ⅱが給付される。稼得能力のない世帯構成員には社会手当が給付される。これら、失業手当Ⅱおよび社会手当は、食事・被服・身体衛生・家具什器・水光熱費などの基本的な生活需要と、共同体における社会的文化的生活への参加費用を含む生活保障給付である（第20条）。この基準額は、SGBXIIの基準額と同一であり、連邦政府が行う所得消費抽出調査における、下位所得世帯の消費支出額を参考に算出される（SGBXII第28条）。

基準額の妥当性をめぐっては、しばしば訴訟が起こされており、違憲判決も下されている。[11] その論点は、主に次の二点である。第一に、当初の規定では、社会手当は子どもの年齢によって、14歳未満は成年の基準額の60％、14歳以上はその80％とされていたことである（SGBII旧28条）。生活保障給付は前述のように基本的な生活需要を積み上げる（マーケットバスケット）方式で算出されることを基本としていたが、子どもの生活費が単純に成人の60％、80％という一定比率で示されることには何の根拠もなかった。加えて、子どもの生活におけ

---

10) Ombudsrat（2006）.
11) 例えば連邦憲法裁判所2010年2月9日判決。BVerfG, 1 BvL 1/09 vom 9.2.2010 (http://www.bverfg.de/entscheidungen/ls20100209_1bvl000109.html)。

る成人とは異なる需要が勘案されているわけでもなかった。ただし、基準額で保障されるべき基本的な生活需要のほかに、例えば学校での複数日にわたるクラス旅行に要する経費等は、一時的な給付として別途請求することはできた（旧第23条）。しかし、これでは子どもが放課後のスポーツ活動、文化活動、その他の自由時間活動への参加から排除されるという問題を解決していない。判決は、とりわけ就学年齢の子ども・青少年について、教育分野における支出が基準給付に組み込まれていないことを問題視し、社会手当の基準額を、子どもの需要を反映させたものに改訂するよう求めたのである。この判決を受け、2011年3月の改正では、「教育・参加パッケージ[12]」Bildungs-und Teilhabe-packet が導入された（第28条）。学校での遠足・旅行費用の他、スポーツ・文化等の余暇活動、学習支援等の経費として、使途指定的に一定額が給付される。

　生活保障給付としてこのほかに住宅暖房費給付がある。これは暖房費付き家賃が「適切な限りで」実際の出費額を給付するものである（22条）。また、第26条では、医療保険・介護保険の保険料負担の給付を定めている。制度当初はこれに年金保険の保険料も含まれていたが、2011年の改正で廃止されている。

　図2-7はこれら金銭給付について、SGBII 受給世帯当たりの給付額の内訳を示したものである。失業手当IIについてみると、制度発足以降ほとんど横ばいであることがわかる。この基準額は五分位所得統計における第五分位の所得層における消費実態をもとにしつつ、個別の消費項目ごとに基準額に算入するものとしないものを峻別して算出される。受給世帯は自動車を保有しないことから自動車関係費を除外することや、倫理的観点からアルコール・煙草等の費用を除外する等の措置である。この所得消費統計は5年に1度実施されるもので、その間の物価変動は年金の物価スライドに連動して増減させるものとされている。とはいえ図に示されるように、この間の基準額にはほとんど変化がない。社会手当がごくわずかな金額にとどまっているのは、前述のように単身世帯が多いことと、世帯構成員の中でも高齢者はSGBXIIの対象となること、稼得可能な場合は社会手当でなく失業手当IIとなること、被扶養児童の場合に

---

12) Veränderung vom 24.3.2011, BGBl I, 453.

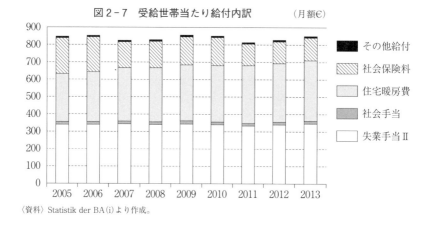

図2-7 受給世帯当たり給付内訳 （月額€）

〈資料〉Statistik der BA(i)より作成。

は児童手当（所得算入される）や前述の教育・参加パッケージ等の付加的給付（これらは図に含まれない）があるため、相対的に低く抑えられていること等の事情がある。

これに対して、住宅暖房費給付が増加傾向にあることが見て取れる。これは暖房用燃料費の価格上昇や、都市部への人口集中等を背景にした家賃の全般的上昇傾向によるもので、基準給付と同額近くにまで増加している。また保険料については、その時々の政策動向によって、抑制への動きがあることがわかる。中でも最も膨張要素となっていたのが年金保険料であったが、2011年より年金保険料負担の給付が廃止されたことにより、大きく減少していることがわかる。

3．職業生活への統合のための措置

（1） 労働統合措置の種類

前述の生活保障給付が金銭給付であるのに対し、失業手当Ⅱ受給者を職業生活に統合していくための様々な施策は労働統合給付と呼ばれる各種サービスである。受給者のプロファイリングに基づいてPAPと受給者が締結する統合協定には、これら金銭給付と労働統合措置の一覧が盛り込まれる。前述のよう

に、ここには「要請」の要素も含まれ、受給者が労働への統合のために求められる努力の内容やその努力を証明する方法等についても定められる。統合協定は6ヶ月を単位として見直され、提供されたプログラム等の進捗状況や受給者の状況をチェックしながら改訂されていく。

SGBII第16条は、受給者の労働への統合のため、SGBIIIが定める職業紹介・職業教育訓練等をSGBII受給者にも給付可能であると定め、その他SGBII第16a条～16g条は、長期失業者という労働市場における不利性をもつ人々への固有の統合給付を定めている。つまり、労働統合給付の大半は短期失業・長期失業共通の措置であるが、それぞれの固有のニーズに即して独自の措置が設けられている。

表2-1はSGBIIとSGBIIIとにおける、統合給付上の措置への参加者数と統合の成果との推移を示したものである。それぞれ、各種の統合給付を受けた人々のうち、給付終了から6ヶ月後に社会保険義務のある雇用に就いている人々の割合を「統合率」として表している。SGBIII全体の統合率が54.3%であるのに対し、SGBIIでは28.1%とおよそ半分にとどまる。SGBII受給者である長期失業者層の労働市場統合の難しさが表れている。

SGBII、SGBIIIいずれにおいても統合率が相対的に高い措置として、入職補助金や統合補助金など、雇用関係に就くための助成制度がある。入職補助金は、就職に伴う給付の停止によって就労のモチベーションを落とさないため、就職から一定期間の給付を行うものである。統合補助金は、斡旋阻害要因をもち、一般労働市場での就労が困難な受給者を雇用した事業主に対して、いわば雇用主が当事者の就労能力の低さを容認して低賃金で雇用する場合に、協約賃金の75%までを補完的に給付するものである。これはコンビローンと呼ばれ、低賃金雇用を公的給付が補完することで低賃金を容認する危険性を孕むものではあるが、高失業率地域においてはEU社会基金を活用した公的雇用"Kommunal Kombi"のプロジェクトも実施されている。

また、活性化・職業統合措置についてみると、SGBII受給者のうちこの措置への参加者数は全体の半分近くとかなり多いといえるが、しかし統合率をみるとSGBIII受給者に比べるとかなり低くなっている。活性化措置は、職業上の

表2-1 主な統合措置の参加者とその成果

	SGBII		SGBIII	
	母数	統合率	母数	統合率
全統合措置	1,577,250	28.1	1,076,328	54.3
活性化・職業統合	758,986	28.4	384,769	57.1
活性化・職業統合措置	757,919	28.4	381,206	57.1
うち、事業所で行うもの	184,149	46.0	182,620	70.6
職業選択・職業教育	33,022	45.8	235,757	55.9
入職時の同行			21,846	27.0
職業準備教育			94,700	40.2
入職に向けての資格づけ	8,870	55.1	18,367	70.3
職業訓練助成金	4,347	71.8	58,912	83.4
企業外職業訓練	18,769	35.6	23,781	47.5
職業継続教育	171,241	33.1	162,111	68.8
稼得活動の提供	151,577	62.9	239,256	45.2
雇用関係への助成	140,552	67.0	101,676	78.6
統合補助金	106,638	69.5	72,410	80.2
重度障がい者への入職補助金	4,509	64.9	7,361	75.6
社会保険付雇用への入職補助金	20,729	62.6		
自営業者向け支援	11,025	10.4	137,580	20.6
障がい者の社会参加促進	4,935	20.4	53,416	23.4
雇用創出	457,489	13.0	1,019	42.1
就労機会	450,262	12.6		
市民労働の雇用段階	6,835	42.2		
任意の支援・その他の給付	41,432	28.1	773	51.7
SGBII任意の支援	40,735	28.0		

〈注〉2011年9月～2012年8月に労働統合措置に参加した人々の、措置修了後6ヶ月時点の状況を示したもの。統合率とは、追跡不可能な人数を除く当該時期の労働統合措置参加者総数（母数）に占める、社会保険加入義務のある雇用に就いている人の割合。
〈資料〉Statistik der BA（g）より作成。

カウンセリングや支援を受けつつ事業所や非営利団体等で職業教育・職業訓練を積むことが主内容であるが、それが安定的な雇用につながることが必ずしも

多くはないことが窺える。これに対して統合補助金はSGBII受給者の中でも相対的に統合率が高く、補助金が雇用主に受給者を雇用するインセンティブをもたらしている状況が窺える。また、職業訓練助成金や資格づけの措置については、SGBIIでも統合率が高くなっているが、そもそもこれらの措置への参加者はSGBIIでは限られている。長期失業者にとっては、訓練や資格づけが必ずしも一義的な就労対策とはいえない状況が見て取れる。ジョブセンターでのインタビューによれば、労働市場が必要とする人材は職業訓練を終えて資格をもつ人や専門職であり、低学歴・低資格の長期失業者に教育訓練を行っても労働市場が求める水準に達することは困難であるという[13]。

これに対して、SGBII受給者において活性化措置に次いで参加者数が多いのが、就労機会である。これは、仕事を見つけることができない受給者に対して創出される、「公益的で追加的な」（SGBII第16d条）就労であり、失業手当Ⅱに加えて「追加支出に対する適切な補填」がなされる。この追加的支出に対する補填がおよそ1時間あたり1～2ユーロ程度であることから、「1ユーロジョブ」と通称されるものである。就労機会は当事者の就労習慣づけや適性の見極めのために活用されることが多く、この措置による統合率は高くはない。運用上は斡旋阻害要因があったり、職業資格が低かったり、あるいは就労習慣がないようなケースについて、就労習慣づけと適性の見極めとを行うことが主目的とされているものの、他方で低賃金就労を助長しているとの批判もしばしばある。これについては後に詳述する。

（2） 労働統合措置の推移と「手法改革」

労働統合措置の種類は毎年のように変更されているが、過去2回には「手法改革」Instrumenten Reformといわれる大規模な改革が行われている。09年に施行された手法改革[14]は、多岐にわたりかつ複雑化した手法を整理し簡素化する一方で、次のような新たな仕組みを導入した。

---

13) 2011年9月 Jobcenter Friedrichshain-Kreuzberg（Berlin）でのインタビューによる。
14) Gesetz zur Neuausrichtung der arbeitsmarktpolitischen Instrumente vom 21.12.2008, BGBl I, 2917.

まず、「斡旋予算」Vermittlungsbudget の導入である。これは、従来の就労トレーニング、パーソナルサービス、活性化手当といった個別給付を統合するとともに、就職や職業教育の場の開拓・採用に関する給付を包括化したものである。相談・斡旋や就職活動に必要な経費の支給に加え、SGBIII 第10条の任意的支援における個別の助成制度、SGBII 第16条の「その他の給付」(現16f 条「任意の支援」)等が含まれている。斡旋担当職員やケースマネージャーは、斡旋予算の枠内で当事者にどのような措置を提供するかの裁量を付与されることとなり、労働統合措置活用における弾力性が高まったといえる。ジョブセンターでのヒアリングによれば、当事者が面接に行くための費用や、運転免許が必要な場合その取得費用、美容院に行く費用など、これがあれば職に就けるという場合に助成できるとのことである。SGBII の「その他の給付」は、地域的特性に即して、BA が示す措置のカタログ外に企画立案する各種の支援措置である。ケースマネージャーは、斡旋予算の10％(後に20％)を上限としてこうした弾力的な支援措置を活用することを認められるようになった。「その他の給付」については、特に次章で述べる認可自治体モデルにおいて多く活用される傾向があり、その自由度をめぐってしばしば BA と自治体の対立をもたらした。この点については第3章および第6章で詳述する。

　とはいえこのような現場への権限移譲・運用の弾力化は、他方で予算総額の削減と、予算使途の適切性・有効性・効率性に関する説明責任の強化を伴うものであった。各ジョブセンターはこれらのサービスを、後述するような地域の諸団体に委託して実施するわけであるが、この予算削減の結果、団体間の競争が激化することになった。零細な非営利団体では受託業務が減り、スタッフの削減を余儀なくされている。他方でジョブセンター特に認可自治体の側では、予算削減の中で節約が必要となった結果、各種統合措置のうち義務的な措置を裁量的な選択に切り替えていく傾向もみられた。

　もうひとつ大規模な手法改革は2012年4月に施行されたものである。この改

---

15) 2011年9月、Jobcenter Friedrichshein-Kreuzberg (Berlin) でのインタビュー。
16) 09年の手法改革については、Oschmiansky/Ebach (2012) 参照。
17) 2012年9月、ケルン近郊の非営利団体 Vingster Treff でのインタビューによる。

革は主としてSGBIIIの改正によるものであるが、SGBII受給者に援用されるものも多く含まれている。同法改正のたびに追加されてきた幾つもの措置を4分の3の種類にまで整理統合し、簡素化を図るとともに、運用の分権化と弾力化を拡大したものとなっている。

最大の改革は、もともとSGBIIIの手法としてあり、SGBII受給者にも援用されていた雇用創出措置ABMを廃止したことであった。ABMは労働協約による正規の公的雇用であったが、近年はSGBIIIでもほとんど利用されなくなってきていた。SGBIIでも、予算制約の必要からABM雇用をむしろ就労機会に切り替える傾向がみられるようになり、最終的にABMは廃止に至ったのである。またこの改革では、「就労機会」が大幅に見直されることになった。これについては次項で詳述する。

その他この改革で注目されるのは、現場の裁量拡大の主旨から行われた、SGBII第16f条の「任意の支援」（前述「その他の給付」からの名称変更）の拡張である。支援策における裁量の拡張を求める自治体と、運用範囲を制限しようとするBAの間で、この給付は軋轢の種となってきたが、この改正で一応の決着を見たと捉えられよう。詳細については次章で述べる。

さて、図2-8は、SGBII労働統合措置への参加者数の推移を示したものである。2012年に統合措置の区分が再編され、新区分での統計が05・06年まで遡っては公開されていないため、07年以降の推移にとどまるが、この間の措置の重点が変化してきていることがわかる。

まず、制度発足当初から多かった「雇用創出」が11年以降急減を示していることが目立つ。「雇用創出」に区分される措置の大半は就労機会であり、09年の手法改革以降の見直しの結果、このような減少につながったと考えられる。

これに対して、10年に増加をみせているのが「活性化・職業的統合措置」であるが、09年の手法改革で導入された「斡旋予算」が含まれているためである。「稼得活動の提供」および「職業継続教育」が減少しているのも、斡旋予

---

18) 2012年9月、ヘッセン州社会省でのインタビューによる。
19) Gesetz zur Verbesserung der Eingliederungschancen am Arbeitsmarkt vom 20. Dezember 2011,BGBl.I,Nr.69.

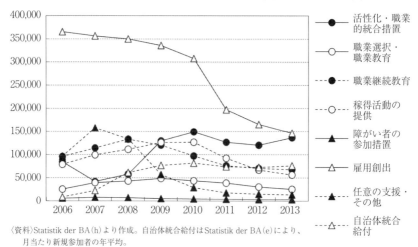

図2-8 SGBII労働統合措置参加者数の推移 (月末現在数の年平均)

〈資料〉Statistik der BA(h)より作成。自治体統合給付はStatistik der BA(e)により、月当たり新規参加者の年平均。

算への統合の影響かと考えられる。他方で、前述の「任意の支援（その他の給付)」は図では必ずしも増加を示していない。手法改革の謳い文句にもかかわらず、BAによるコントローリングの強化を嫌って必ずしもその活用が進んでいないこと、統合予算の10%という枠による限界があるものと考えられる。

もうひとつ注目すべきは、「自治体統合給付」である。制度導入から10年まで増加傾向にあり、その後も横ばいで推移している。これは次項で述べるようにSGBII特有の給付であり、労働市場に統合される上での阻害要因を抱える人々への支援である。この点については後に詳述する。

4．長期失業者向けの特徴的施策

「就労機会」および「自治体統合給付」は、SGBII固有のものであり、労働市場への統合を阻害する多様な問題を抱えている長期失業者向けに、特に活用される手段である。以下ではこの二つの手段について、やや詳しくみていきたい。

（１）　就労機会と市民労働

　就労機会は、「労働への統合に必要なその就労能力の維持または回復のため、そこで果たされる労働が追加的で、公益に適い、競争上中立な場合」（16d条）に提供されることとなっている。長期失業者あるいは就労経験のない若者に対して、就労の習慣づけや就労能力の見極めを行うものとして活用する趣旨の手段である。しかし一部にはフルタイムに近い就労実態があり、一般の雇用を圧迫し低賃金就労を助長するとともに、他方では一般労働市場への統合の展望をもたないまま就労機会を繰り返し実施しているケースもあると批判されている[20]。

　そこでまず、手法改革前の就労機会参加者の状況をみてみよう。表２－２はこれらプログラムへの参加数の様々な属性を示したものであるが、次のような特徴を見て取ることができる。まず性別では男性が６割であるが、女性も４割を占めている。外国人は１割程度であるが、移民的背景をもつ人々という捉え方では15％を占める。ドイツ国籍を取得した移民、移民２世の人々が多く含まれている。年齢でみると25歳未満の若者が20％を占める一方、50歳以上も20％以上を占めており、中高年が労働市場において不利な条件にあることがわかる。学歴では学歴なしや義務教育修了までの人々が７割を占め、低学歴であるほど長期失業のリスクが高いことがわかる。しかしその一方で、単科大学・大学卒が６％を占め、こうした層にも就労機会が適用されていることが窺える。就業機会参加前の失業期間についてみると、失業期間「なし」が４分の１を占めており、失業と同時にまずこの措置を開始するという事例が多いことを物語っている。また、失業期間が１年未満が75％を占めており、失業手当Ⅰ受給資格をもたずにSGBⅡ失業となった人々が多いことがわかる。これは、就労経験をもたない若者やシングルマザー、社会保険義務のある雇用での就労経験をもたない人々が就労機会の対象者となっていることを表している。また、２年以上の失業者も13％近くを占めているが、こうした層は就労機会を繰り返し

---

[20]　Essen大学Helga Spindler教授へのインタビュー（09年９月）によれば、本来は斡旋阻害要因をもち労働市場から遠い人を対象とするものとして導入されたはずだが、実態は高資格者にも適用され、スティグマをもたらすものとなっているとのことである。

表2-2 2008年「就労機会」新規参加者の属性別内訳 （単位％、総数695,648）

性別	男性	59.1	不利条件	長期失業者	25.2
	女性	40.9		重度障がい者	4.5
				50歳以上	22.6
国籍等	ドイツ人	89.2		職業復帰者	3.0
	外国人	10.7			
	移民的背景	15.3	参加前失業期間	なし	25.4
				1ヶ月未満	8.6
年齢	20歳未満	5.8		1-2ヶ月	7.2
	20-25歳	14.6		2-3ヶ月	5.7
	25-30歳	9.6		3-6ヶ月	12.6
	30-40歳	19.0		6ヶ月-1年	15.2
	40-50歳	28.5		1-2年	12.3
	50-55歳	12.9		2年以上	12.9
	55歳以上	9.7			
学歴	学歴なし	24.6	週当たり就労時間	20時間未満	2.0
	義務教育修了	45.5		20時間	13.1
	中等教育資格	23.1		21-29時間	9.2
	単科大学卒業	2.1		30時間	64.1
	大学卒業	4.0		31-37時間	3.7
				38時間以上	7.8

〈資料〉Statistik der BA（d）より作成。

活用しているのではないかと考えられる。

　また、就労時間を見ると、最も多い就労時間が30時間となっているほか、38時間以上の就労が7.8％を占めている。全体の平均就労時間は28.8時間である。これは、就労機会の趣旨である、「追加的」な就労の範囲を逸脱するように思われる。一般労働市場の通常の就労時間である週38時間を超えており、この就労が「1ユーロジョブ」と呼ばれる安価な報酬での就労であることを考え合わせると、一般労働市場との競合が懸念されていたことも窺える。

　このように就労機会はいわば安価で使いやすい措置として多用され、しばしば問題を生じていた。こうしたことを背景に、12年の「手法改革」では就労機

会の条件の厳格化と期間の制限が図られた。追加性、公益性、競争上の中立性を明確に定義した上で、5年以内の期間中、合計で24ヶ月を超えない範囲（16d条（6））に制限したのである。

しかしこうした制限により、逆に長期失業者への支援が十分に行えなくなるのではないかという懸念もある。ドイツ都市会議・郡会議は、現場で受給者の個別的なニーズに則した支援を行う上で柔軟な運用が難しくなり、「労働市場から遠い」人々への支援が十分に行われなくなるのではないかという懸念を示した。[21]

また同時に2010年には、これに代わる手法としてさしあたり3年間の「市民労働」Bürgerarbeit のモデルプロジェクトが開始された。[22] これは、EU 社会基金の支援も受けて、約半数のジョブセンターが参加するプロジェクトである。市民労働は最低6ヶ月以上の活性化段階とその後3年間までの雇用段階とからなり、活性化段階で16万人、雇用段階で3.4万人分のポストが用意された。[23] 市民労働は、シングルマザー、移民的背景をもつ求職者、障がい者等、労働市場で不利性をもつ人々に対し、コーチングを伴う求職活動と地域的・公益的な就労の場とを提供するものである。参加者はまず6ヶ月間コーチングによるモチベーション維持、相談、支援を受けつつ通常の雇用への求職活動を行う。それによって一般労働市場での就職を果たすことができない場合、「市民労働」として提供される公益的就労に従事することになる。例えば高齢者や障がい者の見守りや通院同行、地域活動の支援業務等、非営利団体等での活動である。市民労働の雇用段階では、就労時間に見合った報酬が保障されるため、これによって失業手当Ⅱを脱することもできる。就労機会に比較して報酬額が高く最

---

21) Eingliederungsbudget für SGB II-Empfänger,Hürden für die Mittelausschöpfung und Lösungsansätze,Gemeinsamespapier der Deutscher Städtetag und Deutscher Landkreistag vom 3.12.2012.
22) ただし、内容としては賃金補助金に代わるものという見方もある。長期失業者を雇用した事業主への7割の賃金補助制度が成果を出せず、結果的に就労機会を提供する公益部門に賃金補助をさらに上積みして雇用させるという例が以前からあったとのことである。2011年9月 Jobcenter Friedrichshain-Kreuzberg (Berlin) でのインタビューによる。
23) Pressmitteilungen dees Bundesministerium für Arbeit und Soziales vom 09.07.2010.

低生活保障を満たすことができ、また非営利活動での補助的人員を供給することにもなり、かつ就労の場でコーチングや相談・支援を受けることができるという利点がある。とはいえ限られた予算内でこの報酬を保障する公的雇用であるがゆえに、就労機会ほど多くの参加者を得ることはできず、3年の雇用期限後の当事者の就職が保障されているわけではない。連邦労働社会省によれば[24]、2013年に同プロジェクトへの参加者の23％が一般労働市場への統合を果たしたとされる一方、100万人の長期失業者のうち数十万人は通常の雇用に就くことが困難だと認めている。モデルプロジェクトの終了後、これに代わる新たな公的雇用の場の必要性を訴える声は多いが、就労機会の代替策は2015年9月現在のところまだ導入されていない。

（2） 自治体統合給付

　自治体統合給付とは、「労働への統合における統一的で包括的なケアおよび支援の実現」（第16a条）を目的として、自治体が行うものである。同条が掲げるのは、未成年者および障がい児の世話または家族の家事援助、債務相談、心理的社会的援助、依存症相談の四種類である。他の労働統合給付、とりわけ斡旋や資格取得、職業教育・訓練に関わる措置については、AAが以前より取り組んできた諸措置の延長上にあったのに対し、自治体統合給付は、ハルツ改革前に社会扶助制度の実施主体であった自治体において経験を積み重ねてきた手法の延長上にあるといえる。すなわち旧社会扶助は、社会保障の最後のセーフティネットとして、就労能力の如何を問わず、各種社会保険の網からこぼれ落ちた生活困窮者を全般に対象とするものであった。そこでは障がい者・高齢者・難民をも含む包括的な制度として、受給者の抱える生活問題へのケアを行いつつ、その社会的自立を促す取組みが行われてきたのだが、SGBIIの下で長期失業者が抱える個別問題への対応はまさにこの経験をもとに実施されているものといえる。なお、この給付は自治体の一般施策の中で実施されるものであり、その費用も自治体が負担している。

---

24) BMAS, Pressmitteilung vom 03. April 2014.

ところで、SGBII の実施主体はジョブセンターである。認可自治体の場合には、この自治体統合給付の実施主体とジョブセンターとは、自治体という同一の主体において提供されうる。ARGE（ないし gE）の場合には、ジョブセンターと自治体とは異なる実施主体となっているため、この給付については自治体との間の協定を締結する（第18条（3））ことによって、自治体のサービスを利用する形をとる。そのため、概して認可自治体モデルの方がこの自治体統合給付の活用に積極的であり、制度当初には ARGE における自治体統合給付の活用は低調だった経緯がある。図2-9に示すように、実施主体当たりの自治体統合給付の実施件数は明らかに認可自治体が ARGE ないし gE のそれを上回っている。

さて、前出図2-8に現れていたように、この統合給付への参加者数は制度発足より急増傾向をみせ、2010年以降は受給者総数の減少傾向の中でなお横ばい状況を示している。図2-10はこの統合給付の内容別の新規対象者の推移を示したものであるが、制度発足後3年間で急速に増加した状況が窺える。図に示したのは新規対象者数であり、問題解決に時間を要するケースもあるため、受給者現在数は増加傾向を続けていると考えられる。

自治体統合給付の内訳をみると、最も多いのが債務相談である。債務返済のために金銭給付を使い果たして生活困窮が解消されない、あるいは債務から逃れるために居住を定めることができない、といった斡旋阻害要因をまず解消し、その上で労働市場への統合に関わるプログラムを開始するというものである。また、精神的・心理的問題や薬物・アルコール等への依存症を抱えたケースも、直ちに斡旋は不可能である。さらに、07年以降急増しているのが育児に関わるケアである。これはとりわけシングルマザーの労働市場への統合をめざす上で、保育所への入所を保障し、働く条件をまず整えるというものである。旧社会扶助法の下では、3歳未満児を育児中の女性は就労支援の対象外とされてきたのだが、ハルツ改革施行以降保育所整備が進み、SGBII 受給者には3歳未満児を含め保育所への入所が保障されるようになっている。

SGBII 受給者は、労働市場の状態が改善されてもなお、直ちには職業斡旋できない個別的問題を抱えているケースが多く、また労働市場における競争条件

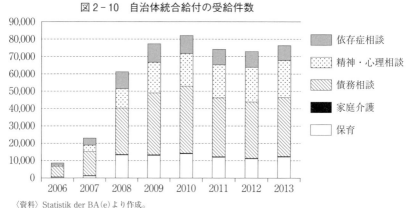

図2-9 自治体統合給付の新規参加者数 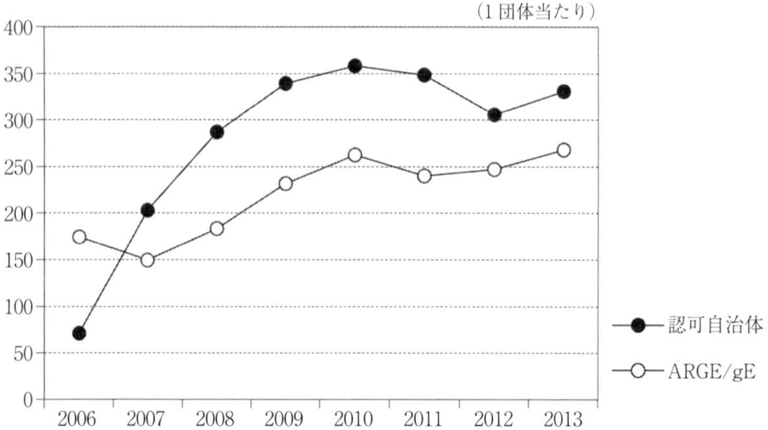
（1団体当たり）
●─認可自治体
○─ARGE/gE
〈資料〉Statistik der BA(e)より作成。

図2-10 自治体統合給付の受給件数
■依存症相談
▨精神・心理相談
▨債務相談
■家庭介護
□保育
〈資料〉Statistik der BA(e)より作成。

という点でも不利であった。こうした状況に鑑みて、斡旋阻害要因を抱えるケースに対してインテンシブなケアが必要であるとの認識が高まり、この制度が活用されてきた経緯がある。なお、08年までは「側面支援」という名称が用いられていたが、09年施行の第一次手法改革によって当該条文は整理され、「自治体統合給付」という名称に改められている。

自治体統合給付の受給者が増加していることは、斡旋阻害要因を抱える長期失業者が、いわば社会的に排除された形で堆積してきていることの現れでもある。自治体が旧社会扶助法の時代を通してこれらターゲットグループをめぐる「貧困との闘い」のノウハウを蓄積していたことは、労働市場への統合を目的とする SGBII の下においても大きな意義をもつものと考えられる。

5．多様なプログラム提供主体

ジョブセンターは、「地域労働市場の参加当事者、とりわけ市町村、郡、行政区、民間社会福祉団体、使用者代表および労働者代表、各種団体および職能組織と、均質なまたは共同の措置実施を助言または保障し、および給付の濫用を回避し除去するため、協働する」(第18条)ことを義務づけられている。

本章で述べてきた各種の労働統合給付は上記のような多様な地域主体によって提供されている。例えば事業所での職業訓練等の場は、ジョブセンターと地域の使用者団体との協力の下で確保されている。また自治体やその出資企業が就労や職業訓練の場を提供することも多い。大規模なものとしては、大都市に多く見受けられる、公設の作業所 Werkstatt がある。概して旧社会扶助法下の就労扶助の時代に自治体雇用公社として設立された社会的企業であり、SGBII の下で同法に対応する形に再編され、公法人企業、有限会社、登録団体などの形態で業務を継続している。例えばフランクフルト市の作業所は、1000人もの受給者を受け入れる大規模なものであり、1ユーロジョブ・雇用創出措置・資格取得などのプログラムを提供している[25]。その分野は、例えばリサイクルセンターにおける廃棄家電製品の修理・部品抽出とその販売、接客訓練を目的とするレストラン、木工・金工・園芸・縫製の訓練所など多岐にわたっている。ここで提供するのは、就労機会、資格取得、職業訓練、雇用創出措置等、多様な措置である。

逆に小規模な主体は無数にあり、概して公益団体や自助グループなどの非営

---

25) 09年9月、Frankfurter Weg zum Berufsabschluss でのインタビューによる。

利団体が就労・訓練の提供や相談活動を実施している。個々の団体は例えばホームレス支援、移民の社会的統合、シングルマザー支援、文化活動を通じた雇用創出、などの個別分野に特化した活動の中で受給者の社会生活自立支援や就労支援に取り組んでいる。1団体当たりの受給者受入数は決して多くはないが、コミュニティビジネスにおける小規模な雇用創出や、斡旋阻害要因をもつ受給者への相談・支援業務を担っている。PAPはこうした各種団体に関する情報データベースをもち、対象者の居住地域や抱えている個別問題、就労希望分野などを勘案しつつ、それに適した事業提供者を選定し、「統合協定」に盛り込むのである。

　就労支援に関わる各種措置を実際に担う企業や団体は、失業手当Ⅱ受給者の受入数当たりで配分される委託金や成功報酬、寄付金、また場合によってはEUや連邦の各種プロジェクト補助金といった財源で運営されている。またドイツには非営利団体を統括するカトリック系、プロテスタント系、中立系、赤十字などの六つの全国組織があり、非営利の団体は概していずれかの傘下にあって資金的・組織的支援を受けている。

　また、こうした小規模な各種団体に関する情報を把握してPAPへの情報提供を行う中間組織もある。例えばケルン市ミュールハイム地区の民間職業紹介所 Job Börse[26] は、同市の ARGE から仲介業務を請負う非営利団体であり、同地区で活動する80近い団体を把握してその提供資源と支援対象者とのマッチングを行っている。いわばPAPの作成する統合協定の下請け業務に近いが、地域に密着した資源把握と雇用の掘り起こしを行うことで、受給者の統合成功率を高めることに資しているという。

　他方で、資格取得・職業訓練や職業紹介の提供主体に関しては、営利企業の参入も見られる。とりわけ、EUの域内市場開放圧力の下でこれらの業種でもドイツ国外からの参入があり、非営利団体はこうした営利企業との競争圧力にさらされている面もある。例えばブランデンブルク州オーバーハーフェル郡では職業訓練の受託先として、車輌検査会社TÜVの資格づけ部門が参入してお

---

26)　2007年9月、Job Börse Mülheim, Köln にてインタビュー。

り、SGBIII関係も含めて定員400人もの受給者の訓練・資格づけを行っている[27]。前述ケルン市でも市内の職業紹介所の新設に入札制度の導入を検討しているとのことである。受給者の増加の中でその統合措置自体が大きな市場となっていること、また連邦や自治体においても措置にかかるコストを節減する必要性に迫られているという状況が推察される。

小　　括

　以上、求職者基礎保障における、受給者の属性や動向、その職業生活への統合のための各種措置の運用状況の検討から明らかになった点は以下のとおりである。

　第一に、SGBIIの受給者である長期失業者が、景気回復による雇用情勢の改善の恩恵を受けにくいのは、労働市場への統合の上で大きな不利性を抱えているためである。それは、労働市場が求める専門性や資格をもたないという側面と、育児・債務・心理的疾患等の斡旋阻害要因を抱える場合、また失業の長期化の中で社会生活から断絶され、求職活動自体が困難化する場合もありうる。これらの問題の解決、いわばエンプロイアビリティの向上が、SGBIII失業者と異なるSGBII固有の課題である。この課題に即して就労機会や自治体統合給付等、SGBII固有の措置が設けられ、活用されている。

　第二に、就労機会については、斡旋阻害要因をもつ求職者にとってハードルの低い就労・訓練プログラムとして多用されてきた。しかし他方でその安易性やスティグマ性、および労働市場への統合効果の低さから、一連の手法改革を通じて縮小への動きがみられる。しかしこれに代替する措置としてのモデルプロジェクト「市民労働」は試行にとどまり、多くの対象者を受け入れるものではなかった。今後就労機会に代わりうる措置が設けられることになるのか否かは引き続き注目する必要がある。

　第三に、債務、依存症、育児等の斡旋阻害要因に対して自治体が行う支援の

27）　2005年9月、Landkreis Overhavel にてインタビュー。

仕組みとしての自治体統合給付には、導入後たえず一定の受給者がいる。この分野は、社会扶助や児童青少年扶助、公衆衛生等の自治体の一般施策を活用するものであり、自治体内部の横断的な連携関係が鍵を握る。それゆえ、ARGEより認可自治体モデルにおいて先行して活用されてきた経緯があるが、近年ではARGEでも同様に活用されるようになってきている。

　第四に、就労機会や自治体統合給付、補助つき・ケアつき雇用等、SGBII受給者の状況に即した措置の運用においては、地域の多様な主体が事業の担い手として現れている。営利・非営利、公営・民営、大規模・小規模の多様な事業主体が提供する資源を、中間団体を活用しつつPAPが一元的な窓口として受給者に提供する仕組みが、ドイツではうまく機能していると思われる。

　以上のようなSGBIIの施策は、需要者への近接性と地域資源やネットワークの活用という性格上、自治体レベルでの運用に適したものと考えられる。しかしこの施策を全国に標準化する上ではBAによるコントローリングが必要とならざるを得ず、BAによる各地域ジョブセンターへの統制が付随せざるを得ない。地域性・多様性と標準化・均一化とをめぐる集権と分権の間の軋轢は、ARGEと認可自治体という二つの実施モデルの間の選択に大きく関わってくる。次章以降ではこの問題についてさらに検討していく。

第3章

実施主体をめぐる争点

はじめに

　SGBIIはそもそも、自治体を実施主体とする社会扶助と、連邦機関であるBA-AAを実施主体とする失業扶助とを統合するものであった。その際、この業務を担うのは自治体なのか、AAなのかという問題は、法律成立時点から一大争点となっていた。成立時点のSGBIIはAAと自治体が契約して設立する協同体ARGEを実施主体としていたが、施行直前の法改正に実験条項が盛り込まれ、自治体が単独でSGBIIを実施する認可自治体モデルも選択可能となった。この実験条項が期限を迎えようとする時期に、連邦憲法裁判所はこの協同体モデルを違憲とする判決を下した。これによって、実施主体をどうするかという問題はさらに混迷を深めることになった。

　本章では、実施主体をめぐるこの混乱がなぜ生じたのかという経緯を見ていくことで、この分野の実施主体をめぐる争点を明らかにしていきたい。なお、表3-1に示す年表にみられるように、この実施主体の問題は法律制定前後一貫して主要争点のひとつをなし、政策上・制度上とも大きな変遷を遂げている。

1．施行前の条文改正

　SGBIIの実施主体をどのように定めるかについては、法律制定段階から議論が分かれるところだった。連邦議会に提出された法案では、第6条（求職者基

表3-1　SGBIIの改正経緯

年	月	日		備考
2003	12	24	SGBII成立	実施主体をめぐる議論の発端
2004	7	30	実験条項導入	
2005	1	1	SGBII施行	実験条項下でARGEと認可自治体の併存、競争
2005	12	22	住宅費給付の連邦負担比率算定方法の変更	
2006	3	24	東西基準額の統一、青年単身世帯の申請制限等	
2007	12	19	ARGEを混合行政とする連邦裁判所違憲判決	①改憲による合憲化、②「協同ジョブセンター」での空間的同居、③「労働・基礎保障センター」設置、のいずれかをめぐる議論
2008			「協同ジョブセンター」案をめぐる議論	
2008	12	18	SGBII6c条の実験条項に関する評価報告書公表	
2009	3		ジョブセンター改革挫折	
2010	2	9	基準額に関する連邦憲法裁判所の違憲判決	
2010	6		ジョブセンター改革合意	改憲による協同機関の存続と認可自治体の恒久化・拡充
2010	7	21	ARGE合憲化のための憲法改正	
2010	8	2	ジョブセンター改革を内容とするSGBII改正	
2010	12	31	認可自治体追加申請〆切	
2011	1	1	ジョブセンター改革施行	
2012	1	1	追加認可自治体移行	

礎保障の実施者）は単に次のように定めていた。「本法に基づく給付は連邦労働エージェンシーによって提供される。エージェンシーの補助のために、その実施を第三者に指示することができる。[1]」すなわち当初の想定では、SGBIIの実施主体は専らBAおよびその地域機関であるAAとされていたのである。しかし審議の過程では、当時野党であったCDU／CSUを中心に修正要求が出され、最終的に成立した条文には多くの修正が加えられている。まずは協同体ARGEおよび実験条項による認可自治体モデルの導入に関わる条文をみていく。

（1）　協同体ARGEの導入

前述第6条の原案を見る限り、求職者基礎保障はBAおよびAAによって

---

1)　Deutscher Bundestag, Drucksache, 15/1516, S.10.

実施されることが想定されていた。しかし成立時のSGBIIには法案になかった第44b条が盛り込まれることによって、AAと自治体の協同体ARGEが規定されることとなった。その概要は以下の通りである[2]。

まず、AAにはそもそもSGBIIIに基づいてジョブセンターが設置されることになっているが、SGBII実施体制としてはこのジョブセンター内にARGEが設けられることとされた[3]。ARGEは私法上の契約または公法上の契約による組織であり、その形態や組織は参加する主体、地域の労働事情および地域の経済構造の特殊性を考慮したものでなければならない（第1項）。ARGEの業務を統括する所長はAAと自治体の協議で決定されるが、その決定手続きの合意が得られない場合はAAと自治体とが1年交代で決定するということも定められた（第2項）。ARGEは、第6条に定めるAAの任務を行い、自治体は同法に定める任務の遂行をARGEに委託する。また、AAと自治体は給付に関する情報を共有する（第4項）。

すなわち、SGBIIの原則的な実施主体は、AAと自治体が契約によって設置するARGEとされたのである。ARGEはAAが設置するジョブセンター内に置かれ、AA（BA職員）と自治体双方から職員を派遣する。こうしたARGEの性格はその後しばしば論議を呼ぶことになる。すなわち、「契約に基づく組織」に過ぎないARGEでは、職員を自前で採用することができない。職員は自治体職員あるいはBA職員として、それぞれ別々の指揮命令系統に置かれ別々の人事上の処遇を受けることになる。この鵺のような組織形態において「協同」が果たしてうまくいくのかということは法律の施行段階からしばしば疑問視されていた。

（2） 実験条項をめぐる経緯

他方で、成立時の条文には次のような第6a条（自治体実施者の選択肢）が追加されている。

---

2) BGBl.2003 I,S.2967.
3) 06年7月の改正により、ジョブセンターの設置義務およびARGEをジョブセンター内に置く義務は廃止された。BGBl.2006 I,S.1706.

「第6条の規定にかかわらず、郡格市および郡（自治体実施者）は、自らの申請と所管の州当局の同意によって、労働エージェンシーに代わり、法令により本法に基づく事業の実施者として連邦経済労働省に認可される。詳細は連邦法に定める。」[4]

さらに施行半年前の2004年7月の改正[5]では、この条文は大きく変更された。まず、第6a条の表題は「実験条項」と改められるとともに第7項までの規定が追加され、さらに第6b条（認可自治体の法的地位）、第6c条（実験条項に関する効果調査）が追加された。条文が長いため、全ての引用は控えるが、その内容は以下のとおりである。

第一に、成立時の条文が「連邦法に定める」こととしていた認可自治体についての詳細が本法に盛り込まれたことである。認可自治体は最大で69団体とされ、連邦参議院の議席配分に即して各州に割り当てられた。割り当て数を超える申請があった場合、州が申請自治体に順位をつけて連邦経済労働省（当時）に提案することとなった。

第二に、この認可自治体による実施はSGBIIの施行日である2005年1月から6年間を期限と定められた。すなわち、第6a条は「実験条項」としてこの期間内に限っての条文とされたのである。また、この実験条項に関する効果を検証するため、連邦経済労働省は、認可自治体による任務遂行をAAによる任務遂行と比較して調査し、2008年12月31日までに連邦議会に報告することとされた。

第三に、認可自治体はその管轄地域において、BAに代わってSGBIIの実施主体となり、AAの権利義務を担うこととされた。連邦は、行政経費を含む求職者基礎保障の費用について、AAに適用される基準に従って認可自治体に支払うこととなった。つまり、認可自治体はARGEと同様の権利義務をもち財源保障を受けるのである。

以上のような、法案からの修正および施行前の改正の趣旨は、自治体が

---

4) BGBl.2003 I,S.2957.
5) Gesetz zur optionalen Trägerschaft von Kommunen nach dem Zweiten Buch Sozialgesetzbuch（Kommunales Optionsgesetz）,BGBl.2004 I,S.2014.

SGBIIの実施主体として参画する余地を拡大することにあった。自治体はこれまで社会扶助の実施を通じて、その財政負担を重荷に感じつつも、地域雇用政策の担い手としての経験を積み重ねてきたのであるが、SGBIIの実施主体がAAに限定されてしまうと、自治体の政策分野が大幅に縮小されることになる。これは特に郡にとって深刻な問題となっていた。社会扶助は郡の業務の半分以上を占めるものであった。SGBIIの実施主体をAAとしてしまうと、郡は旧社会扶助受給者層のうち就労能力のない人々、すなわち高齢者や障がい者に対する基礎保障（SGBXII）については引き続き実施主体となるものの、その政策領域は大幅に縮小されてしまうことになる。従って、自治体、特に郡がSGBIIの実施主体として参入していくことは、郡の存在意義を維持する意味ももったわけである。

（3） 三つの実施主体モデル

さて、こうした経緯を経て、SGBIIの実施主体は次の三つのバリエーションをもつこととなった。

第一に、AAと自治体との間の契約によって設立する協同体ARGEが実施主体となるモデル（ARGEモデル）。これはSGBIIが原則として定める実施主体モデルであり、400を超える実施主体の8割以上がこの形態である。なお、AAの地域管轄と自治体とは必ずしも重なるものではない。AAが複数の自治体にまたがる地域管轄をもっている場合もあり、自治体の区域と異なる場合もある。BAと自治体側の協議の結果、自治体の地域区分を優先することになった。従ってARGEと自治体とは原則として一対一の関係で設置されている。

第二に、認可を受けた自治体が単独で実施主体となるモデル（認可自治体モデル、あるいは実験条項によるため、オプションモデルとも呼ばれる）である。

第三に、ARGEを設置せず、AAが単独で実施主体となるモデル（分離モデル）である。SGBIIの規定からすると例外的な存在であり、当初は4団体にとどまっていた。しかしその後ARGEを解消して分離モデルに移行する例が散見されるようになり、2011年の改正で分離モデルが廃止される直前には20団体を超えていた。なお、ここでは分離モデルはあくまで例外的なものと捉え、以

表3-2　2005年1月時点の州別実施主体数

		ARGE		認可自治体		分離	合計	認可自治体比率%
		郡	都市	郡	都市	郡		
西部州	Baden-Württemberg	30	9	5			44	11.4
	Bayern	69	23	2	2		96	4.2
	Hessen	8	4	12	1	1	26	50.0
	Niedersachsen	25	8	13			46	28.3
	Nordrhein-Westfalen	20	21	8	2	3	54	18.5
	Rheinland-Pfalz	22	12	2			36	5.6
	Schleswig-Holstein	9	4	2			15	13.3
	Saarland	4	1	1			6	16.7
東部州	Brandenburg	9	4	5			18	27.8
	Mecklenburg-Vorpommern	11	6	1			18	5.6
	Sachsen-Anhalt	16	3	5			24	20.8
	Sachsen	16	7	6			29	20.7
	Thüringen	16	5	1		1	23	8.7
都市州	Berlin		1				1	0.0
	Bremen		2				2	0.0
	Hamburg		1				1	0.0
合計		255	111	63	6	4	439	15.7

〈資料〉Statistik der BA (e) およびドイツ郡会議資料をもとに独自集計。

下では主に前二者を中心に論じていくことになる。

　なお、実施主体数は自治体の合併やAAの再編等によって変動が大きいが、施行時点での構成は表3-2のとおりである。前述のように69という認可自治体の総数は連邦参議院の議席数に応じて各州に割り振られたため、認可自治体比率には本来差がないはずである。しかし州によっては申請自治体が割り当て数に達しないところもあり、余剰の認可枠は他州に再配分された。その結果州によって認可自治体の比率は異なっている。実験条項の導入を強く主張したヘッセン州首相の姿勢を反映してか、ヘッセン州では実施主体の半数が認可自治体になっていることは注目される。逆にバイエルン、ラインラント・プファ

ルツ、メクレンブルク・フォアポメルン、テューリンゲンの4州では認可自治体はごくわずかにとどまっている。また三つの都市州はいずれもARGEを選択している。

また、認可自治体モデルを選択した自治体のほとんどが郡であり、都市は69団体中6団体にとどまっている。また東部州では認可自治体を選択した都市はイェナ市のみであった。これは、失業率が相対的に高い都市にあっては、従来の社会扶助受給者に加えて旧失業扶助受給者をも対象とすることが、事務負担上および財政負担上困難と判断したものと考えられるほか、後述するような都市会議と郡会議との立場の相違も影響していると考えられる。

2．初期段階の議論

（1） 都市会議と郡会議の主張

実験条項による試行を経て、最終的にどちらのモデルに統一されていくのか、あるいはいずれのモデルが望ましい実施主体なのかについては、見解は真二つに分かれているといってよい。実際、市町村財政改革委員会の失業扶助／社会扶助部会の答申においてもこの点は合意に達せずに、複数モデルの提示に終わったという経緯がある。[6]

特に注目すべきは、自治体代表団体の間でも実施主体のあり方については見解の相違があったということである。ドイツの自治体代表団体には、郡格市を組織するドイツ都市会議、郡の組織であるドイツ郡会議、そして郡所属市町村を中心に組織するドイツ市町村同盟の三者があるが、以下ではSGBIIの実施主体となる郡格市と郡をそれぞれ組織する前二者の主張を整理していく。

まず、ドイツ都市会議は、2003年の市町村財政改革委員会答申の時点から、失業扶助と社会扶助の統合およびBAを主体とするその実施について、肯定的な立場を示していた。同委員会の最終会議で両扶助の統合が合意された後、都市会議代表は次のようなコメントを発表している。「失業扶助・社会扶助の統

6） Bericht der Arbeitsgruppe "Arbeitslosenhilfe/ Sozialhilfe" der Kommission zur Reform der Gemeindefinanzen vom 17.April 2003.

合が連邦の責任において行われるべき、という点で委員会の多数意見が一致をみたことに歓迎の意を表する。我々が長い間要求してきたのは営業税の現代化（これは実現しなかったが—引用者）と社会扶助費負担の軽減であり、市町村財政改革の動きは、正しい方向に進んでいる」というものである[7]。

またその１年後、SGBII 第二次改正に向けての2004年６月末の両院調停委員会の結論を受けてのコメントは次のようなものである。まず、調停委員会が都市会議等の主張を受け入れて、住宅暖房費に連邦負担を導入することとし、その負担率の今後の見直し手続きを盛り込む改正を行うことで合意したことを高く評価した。その上で、「同法にはなお細部に問題はあるが、都市会議は協働に積極的に関わっていく所存である」としたものの、同時に決定された認可自治体モデルの導入に関してはほとんど言及していない[8]。

さらにその１年後、2005年９月に行われた連邦議会選挙に先立って、都市会議は10項目からなる要望書を各党に提出したが、その中でハルツに関して次のような見解を示している[9]。まず、ハルツ第４法に盛り込まれた25億ユーロの自治体負担の軽減は必ず実現すべきであることを強調した。その上で、ハルツ改革の今後について次のように述べた。「失業とのたたかいは国民的任務であり、地域共同体の業務にのみ帰せられるべきものではない。それゆえ、連邦は失業問題の結果としての財政負担責任を免れない。失業者への基礎保障に関する財政責任の自治体化には、都市は断固反対する。」また、今後なお必要な法改正の手続きに関して、次のように述べている。自治体に関する法律やその執行を自治体が担うような法律の立法過程に対して、ほとんどの州が州法の立法過程への自治体の参画を認めるようになっており、また各州憲法に「牽連性原則」を盛り込むに至った。「いまや連邦もこうした州の取組みに倣うべきである」と。

これに対してドイツ郡会議の見解はどうだろうか。まず、2003年の市町村財

---

7) Pressmitteilung des Deutschen Städtetags vom 3.Juli 2003.
8) Pressmitteilung des Deutschen Städtetags vom 1.Juli 2004.
9) Deutscher Städtetag,Zehn Forderungen für eine zukunftsfähige Stadtpolitik vom 27. Juli 2005.

政改革委員会最終会議を終えての郡会議のコメントは次のようなものであった。郡会議は同委員会において、これまで社会扶助の責任を担ってきた郡の役割を強調してきた。失業扶助と社会扶助を統合した新給付については、「BAが主管するという改革案は誤った道である。社会政策的観点からも、住民への近接性ということからも、郡が担うべきである」として、委員会の結論に失望を表明している[10]。

また、SGBII 第二次改正による認可自治体モデルの導入に際してはこれとは全く逆に、この結論を強く支持するコメントを出している。すなわち、「長期失業者に対する自治体の責任をめぐる郡会議の苦しい戦いはついに成果をみた」「ドイツ郡会議は、調停結果としての認可自治体を建設的に支援する用意がある」というものである[11]。

なお、郡会議は ARGE の設置を違法とする11郡の訴訟を支援した。主な争点は、連邦機関である AA と自治体とが協同で業務を行うことは、憲法が禁止する混合行政にあたるというものである。これについては第4章で詳述するが、その他に郡会議が認可自治体モデルを支持する理由としては次のようなものが挙げられている[12]。第一に、自治体は長い間社会扶助の実施主体であったことを通じて、個人的困難や社会的問題を抱える失業者の労働市場への統合に成果を挙げてきたが、協同体モデルでは、この専門性と体制を AA は一から作り上げねばならず、自治体はこれを失うことになる。第二に、受給者や地域的な労働市場への近接性という点で、自治体は集権的な BA-AA に比べて優れている。第三に、各地域の社会経済的諸事情によって多様な失業問題に対して、自治体はより弾力的に対応できる、というような諸点である。

以上のことから、都市会議と郡会議の主張の相違は次のように整理される。まず、都市会議の見解の焦点は次の点にあるといえよう。失業問題はそもそも国民経済レベルの問題であり、失業の社会的コストともいうべき「求職者への

---

10) Pressmitteilung des Deutschen Landkreistags vom 3.Juli 2003.
11) Pressmitteilung des Deutschen Landkreistags vom 1.Juli 2004.
12) Hans-Günter Henneke,Kreispolitik im Würgegriff steigender Sozialkosten,Geschäftsbericht des Deutscher Landkreistages 2003/2004.

基礎保障」は基本的には連邦が財政負担を含めて責任を負うべきである。自治体もAAとの協働を通じてこれに参画していくことには異存はないが、その際に自治体への負担転嫁が行われないよう、連邦の立法過程への参画を求めていく必要がある、ということである。これに対して郡会議の主張は次のように要約できよう。これまでの就労扶助政策における自治体の実績を踏まえ、郡は地域の雇用政策に積極的に打って出る用意がある。連邦の機関であるAAにこれを委ねることは、自治体の政策領域の縮小と自治の後退につながる、というものである。

　無論、こうした主張の背景には、都市と郡との異なる事情がある。都市では、納税者の郊外流出と長期失業者の滞留という問題を抱え、この問題には財政負担の上でナーバスにならざるを得ないという事情がある。財政事情はとりわけ郡より都市でより厳しい状況となっており、社会扶助費に圧迫されて1990年代半ば以降投資的支出が連続して絶対減を続けていたという状況は、都市間競争の激化する中での各都市にとって死活問題に関わるともいえる。郡については、SGBIIの執行主体の行方が郡の存在意義に関わるという事情がある。2003年の数字でいえば、郡の経常会計・資産会計を合わせた歳出の63.0％は社会保障関係費であり、中でも社会扶助給付費が31.7％（郡格市では9.2％）を占めている[13]。このことから窺い知れるように、SGBIIの実施主体がARGEに限定されてしまうと、郡が管掌する業務の3分の1にあたる部分がその権限から抜け落ちてしまうということになる。郡はまさにこの点に危機感を募らせていたのである。

（2）　三つの評価報告書

　ハルツ改革施行翌年の2006年半ばには、三つの評価報告書が出されている。連邦会計検査院、SGBIIに関するオンブズ委員会、ドイツ銀行、それぞれの報告書である。いずれの報告書も、長期失業者の統合に向けた諸措置や対人ケアの成果とともに、実施主体が複数のモデルに分かれたことに対して言及してい

---

13)　Statistisches Bundesamt,Fachserie 14,Reihe 3.3,2003に基づき計算した。

る。

　会計検査院は2006年5月に、連邦議会に対し求職者基礎保障制度に関する監査報告書を提出した[14]。会計検査院は独立した機関として連邦政府の各業務の効率性や有効性を監査する機関であり、SGBIIの実施に関しても主として財政運営上の適切性如何という観点から評価を下している。この報告ではSGBIIの制度上の問題点や実施体制上の不備が厳しく指摘されたが、その際にARGEと認可自治体の両実施体制を比較して言及する部分がある。そこでは、統合給付予算の使い残しが認可自治体に多いことや、認可自治体の一部がBAとの間の決済関係を正しく行っていない、ということが指摘されている。その一方で、両モデルに対する連邦からの行政コスト保障のあり方に差があり、SGBIIにおける両実施体制の競争という実験条項の趣旨に反するものであるとも指摘されている。こうした問題が生ずるのは、連邦政府がARGEおよび認可自治体のいずれの場合に対しても、十分なコントローリングを行いえていないためであり、また連邦政府、BA、ARGE、自治体、という各レベルの主体の間の連携が必ずしも良好でないという評価である。これに対する会計検査院の処方箋は、BAがより強いコントロールをもつべきとの結論となっている。

　これに続き同年6月には、オンブズ委員会の報告書が提出された[15]。同委員会はSGBIIの制度およびその運用の適切性を評価し、必要な改正や改善を勧告するものとして法施行前に設立されたものである。2005年6月に中間報告を提出していたが[16]、この時点では制度導入時の混乱を背景に、運用の適正化の必要がある技術的問題に重点が置かれていた。最終報告は、SGBIIの今後の法改正をも射程に入れ、実施主体のあり方にも重点を置いて論じたものとなっている。前述の会計検査院の報告書がマネジメントやコスト削減といった観点から「容赦ない」批判を展開したのに対し、オンブズ委員会はより内在的な検討の

---

14) Bundes Rechnungshof,Bericht an den Haushaltsausschuss und an den Ausschuss für Arbeit und Soziales des Deutschen Bundestages nach §88 Abs. 2 BHO zur Durchführung der Grundsicherung für Arbeitsuchende vom 19.5.2006.
15) Ombudsrat（2006）.
16) Ombudsrat（2005）.

スタンスに立っている。特に頁を割いているのは、ARGE の組織運営上の問題である。自治体、連邦労働社会省、BA の三者間の調整に時間を割かざるを得ないこと、権限の明確性や柔軟性に乏しいことが指摘され、またこの問題への解決策としてとられてきた連邦・自治体両レベルの間での枠組み協定（後述）も有効ではなかったと総括している。この問題に対するオンブズ委員会の処方箋は、ARGE に独立した組織としての十分な権限を付与し、連邦政府・BA・自治体からの自立性を高めるべきであること、またその際に州がこれに対する監督の役割を果たすこと、としている。

　三つ目のドイツ銀行による評価報告書は前二者の公的な報告書とは異なるが、経済界側の評価を代弁するものとして注目される。ドイツ銀行調査部は2006年8月9日付で「2人のコックが粥をだいなしにしている」と銘打った調査報告を発表した。[17] 会計検査院やオンブズ委員会の評価は、現在の実施体制を当面は存続させ、改善を行っていくスタンスで論じられているが、ドイツ銀行のレポートはこうした選択に批判的である。すなわち、二つの実施体制の間で競争をさせるのであれば、認可自治体モデルの選択をより開かれたものにするべきだ、との見解である。認可自治体モデルはそもそも、SGBII の実験条項として導入する際、このモデルを選択する自治体数を連邦参議院の議席数に準じて州ごとに割り振る仕組みにしていたため、上限を69自治体としていた。ドイツ銀行はこれに対し、実施主体間の競争を推進するため、実施体制の選択を自由化し、また連邦からの財源移転に関しても成果向上や不正受給防止へのインセンティブを与えるような配分方法が必要だとしている。ただし、現時点では両者の成果を比較するためのデータに不備が多く、SGBII の第6c条が想定するような、両体制の比較に基づく最終的な決定は困難だとしている。とはいえ、同レポートは現在の ARGE の組織としての将来性には全く悲観的であり、自治体が全ての業務を自ら実施するか、あるいは業務を全て BA-AA に委ねるか、という選択が新たに設けられるべきだと主張している。

　以上三つの報告書はそれぞれに立場や役割の相違があり、報告から展望され

---

17) Deutsche Bank Reserch, Zwei Köche verderben den Brei, für eine Neuorganisation von Hartz IV, 9.August 2006.

る改革方向もそれぞれに異なっている。特に評価が分かれるのは次の二点であろう。

　第一に、受給者の予想以上の増加とそれに伴う給付増加に関する捉え方である。会計検査院およびドイツ銀行はその原因の多くが不正受給にあると考え、受給者に対する就労能力、資産状態、扶養関係等に関する調査を徹底するべきと主張している。これに対してオンブズ委員会の見解では、受給者の増加は旧社会扶助下におけるスティグマが軽減されたためとして積極的に捉え、むしろ受給者に対する斡旋や対人ケアを通じた自立促進を重視していくべきとしている。

　第二の対立点は、SGBII 実施主体のあり方についてである。いずれの報告も、ARGE における自治体と AA の協働が成功していないこと、また認可自治体においても連邦政府や BA との連携が十分に機能していないことを指摘している。この問題に対する三つの報告書の処方箋はまさに三様である。会計検査院は両実施モデルに対する連邦政府の、また ARGE に対する BA のコントローリングがいずれも機能不全に陥っているとし、集権的なコントローリングの構築を求めている。オンブズ委員会はこれに対し、ARGE が独立した組織として十分な権限を移譲されるべきであり、またこれに対しては連邦政府より州政府が監督権をもつべきだとしている。ドイツ銀行は ARGE のような一種の混合行政が多々の問題を生んでいるとの理解に立ち、当面は認可自治体と ARGE の競争関係をより活性化させるべきであるが、将来的には全て自治体による実施か、全て AA による実施かのいずれかの形をとるべきだと主張している。

　とはいえ、いずれの報告においても、旧社会扶助の稼働層への支援と旧失業扶助との統合というハルツ IV 改革の基本的枠組み自体は評価されている。両制度における給付や就労支援施策の重複性を除き、「ひとつの手から」支援を行うという SGBII のあり方そのものは支持されているわけである。問題は、この「ひとつの手」のあり方、すなわち給付や支援施策の実施主体が、連邦・州・自治体のいずれの政府レベルを中心に行うべきであるのか、また複数の主体が協同して行うことは可能であるか、またいかにしてか、という問題にあると考えられる。

（3） 認可自治体に対するアンケート

 ハルツ改革施行直後の評価をめぐってもうひとつ、ドイツ郡会議が国家・ヨーロッパ学研究所（Internationale Institut für Staats- und Europawissenschaften (ISE)）に委託した、認可自治体を中心としたアンケート調査の結果を参照しておきたい。この調査は、2006年2月末に全郡と認可自治体（6都市を含む）に対して実施したアンケート調査の分析を行ったものである。対象自治体330のうち235団体、約7割の回答を得ている。前述のように、郡会議は認可自治体モデルを積極的に推す立場をとっており、このアンケートも認可自治体と郡を対象とした限定的なものであることは留保しておく必要があるが、まずはその結果をみておきたい。

 アンケートではまず、自治体が再度選択機会を与えられるとすれば、ARGEと認可自治体のいずれを選択するかを尋ねている。回答した認可自治体は全て、今後もこの形態を続けるとし、ARGE 自治体の56％は ARGE を選択すると回答した。ARGE 自治体の残り32％は、再選択の可能性があれば認可自治体を選択するとし、12％の自治体は分離モデル（AA と自治体が別々に職務を実施する）を選択すると回答した。また、実施主体の選択に際して、認可自治体を選んだ自治体では、自らの裁量の余地がより大きいものと判断して決断をしたとの回答が多かったのに対し、ARGE 自治体ではそれぞれの地域の高さに鑑みて単独でこの事務を実施する上での困難を予想し、防御的な観点から決定した傾向がみられるとしている。実際、認可自治体の89％は自治体の政策的余地が拡大したと考えており、11％は不変と回答した。ARGE では13％が拡大、48％が不変、39％は縮小したと回答した。また、回答した自治体の91％は、前述のドイツ銀行のレポートにおける提案と同様に、実施主体の選択を自由化していくべきだと回答している。

 また、実施体制の問題として、受給者の増加に対して職員配置が追いついて

---

18) Deutscher Landkreistag, Evaluation der Aufgabenträgerschaft nach dem SGB II, Ergebnisse der zweiten Feldphase und der ersten flächendeckenden Erhebung,—Zusammenfassung der bisherigen Untersuchungsergebnisse von Markus Keller, Referent beim Deutschen Landkreistag, Juli 2006.

いない状況は一般的に指摘されていることであるが、この調査では認可自治体とARGEの間でも状況に相違があることが明らかにされている。すなわち、職員配置については、職員1人当たりの担当件数の上限を、給付担当職員と斡旋担当職員のそれぞれについて、各実施主体が定めることになっているのであるが、この上限には次のようなばらつきがあるとされる。まず、給付担当職員の配置については、ARGEの10％、認可自治体の2％で給付担当職員が担当する受給世帯数の上限を200件以上の水準に設定している。他方で、認可自治体の19％、ARGEの12％では、この上限を120件以下に設定している。斡旋担当職員の配置については、認可自治体の35％およびARGEの11％は職員1人当たりの求職者数の上限を130以下に、認可自治体の43％およびARGEの27％は131～170件に設定している。認可自治体の22％、ARGEの63％では職員配置基準はさらに劣悪な状況にある。

　こうした職員配置に規定されてか、受給者の労働市場への統合における実績についても相違が生じている。SGBIIの実施主体は、受給者との間で「統合協定」と呼ばれる支援プログラムに関する合意をとりつつ、労働市場への統合を進めることとなっているが、05年の実績でみると、ARGEの40％、認可自治体の28％では統合協定を結ぶことができた受給者は40％以下でしかない。認可自治体の23％、ARGEの18％ではこの協定締結率は40～60％である。認可自治体の約半数、ARGEの43％では60％以上の受給者と統合協定を締結できている。その結果、就労機会（1ユーロジョブ）に関する予算の消化率にも相違が生じている。すなわち、認可自治体の31％、ARGEの47％は統合予算の消化率は半分以下である。消化率が70％を超えたのは、認可自治体の45％、ARGEでは4％に過ぎない。

　以上のように、郡会議のアンケートでは、自治体における裁量の余地、職員配置、受給者の統合などの点において、認可自治体モデルの優位性が報告されている。郡会議はSGBIIの成立時点以来一貫してARGEにおける混合行政の問題性を指摘し、法実施における自治体の主導性の確保を強く求めてきており、前述04年7月の法改正においても認可自治体モデルを実験条項として盛り込むことを強く求め、それを勝ち取ってきたという経緯がある。それゆえ、認

可自治体モデルの優位性を強調するこの調査報告には若干のバイアスが働いていることに留意が必要ではある。しかしながら、前述の SGBII に関する三つの評価報告にも現れていたように、ARGE における協同が必ずしも良好に機能していない状況が、逆に認可自治体への相対的な評価を高めていると捉えることもできよう。

3．実施主体の問題点と修正

SGBII の実施主体に関しては、ハルツ改革をめぐる前述の三つの評価報告が三様の処方箋を書いていたことからも察せられるが、問題は多岐にわたっていた。以下では、第一に ARGE の組織問題、第二にコントローリングや評価に必要なデータ収集上の問題、第三に労働統合措置の運用をめぐる集権と分権の対立、について論じていく。

（1） ARGE の組織体制上の問題

ARGE における AA と自治体の協同をめぐっては、BA と自治体の指揮命令系統の混在と ARGE としての意思決定システムの弱さがしばしば問題となっていた。法施行直後の混乱を解決するため、連邦経済労働省、BA、ドイツ都市会議、ドイツ市町村同盟は ARGE における運営についての協定を結んだ。[19] なお、自治体代表団体のうち、ドイツ郡会議はそもそも ARGE が基本法で禁止されている混合行政にあたるとして違憲訴訟をおこしている経緯もあり、そもそも ARGE の設立自体に懐疑的な立場をとるため、この協定には参加していない。

この枠組み協定は、ARGE の執行体制における権限関係の整理と明確化を図るとともに ARGE の実施者総会 Trägerversammlung における自治体イニ

---

19) Rahmenvereinbarung zwischen dem Bundesministerium für Wirtschaft und Arbeit, der Bundesagentur für Arbeit und den kommunalen Spitzenverbänden zur Weiterentwicklung der Grundsätze der Zusammenarbeit der Träger der Grundsicherung in den Arbeitsgemeinschaften gemäß §44b SGBII, 1.August 2005.

シャティブの可能性を保障すること、またBAによるコントローリングのあり方を定めることを目的とした。ARGEの実施者総会とは、自治体とAA双方からの代表者によって構成されるARGEの最高意思決定機関である。そこでの両者からの代議員構成如何によってARGEに対する双方の影響力が異なってくるのであるが、例えばARGEの職員構成でみるとAA側が過半数を占めており、代議員数を職員比率で割り振るとすれば、自治体がARGEの意思決定においてイニシャティブを発揮することはできない。枠組み協定ではこの問題をクリアするために、自治体が一定の基準を満たした場合には、自治体側から過半数の代議員を送ることができるものとした。この基準とは、例えば失業者の労働市場への統合、ターゲットグループの就職率、給付削減率等の点でベンチマークを定め、それぞれの最低条件を達成した場合には自治体の過半数取得を認めるというものである。この枠組み協定の下で、約100の自治体がARGEの実施者総会での過半数を握り、イニシャティブを発揮しているとされる。[20]

しかし、実施者総会で自治体が過半数を握ったとしても、それを通じてBAに対して影響力を及ぼしうるか否かはまた別の問題である。とりわけ地域構造問題を抱える失業率の高い地域においては、自治体がARGEを通じて地域労働市場に影響を及ぼす余地は限られている。また、先のオンブズ委員会の最終報告書においても、枠組み協定が期待したほどの効果をもたらしていないとしている。要はBAによる集権的コントロールが強いあまり、実施者総会での過半数は自治体の政策的余地を拡大することにならない、というのが実態と考えられる。

（2）　評価システムの前提としてのデータ収集問題

実験条項に盛り込まれたように、両実施主体モデルはそれぞれのパフォーマンスを比較し、最終的な実施主体の決定に至ることとなっていた。しかしこの

---

20)　目標協定による実施者会議での自治体過半数の確保については、ドイツ都市会議労働・青少年・社会担当部長 Verena Göppert 氏へのヒアリング（06年9月21日実施）に基づく。

評価のために必要なデータについては厄介な問題が生じていた。

BA および各地域の AA は、SGBII の実施にあたって新たな電算システム「A2LL」を導入していた。BA・AA が実施してきた従来の雇用保険業務は、個人単位の給付であって、この点が世帯の他の構成員をも給付の対象とする SGBII とは異なっていた。また、統合措置の多くが SGBIII の援用であるとはいえ、SGBII 独自の措置も多く盛り込まれたこともあり、従来の電算システムでは対応できなかったのである[21]。他方で自治体の側では、旧社会扶助法の業務実施の上でそれぞれ固有の電算システムを使用していたが、多くの自治体は社会扶助用に開発された電算システム「X-Sozial」を使用していた。問題はこの二系統の電算システムの間に互換性がなかったことである。

ARGE の多くは、AA の事務所であったジョブセンターの電算システムを使用し、入力したデータが直ちに BA に送付されるネットワークが構築されていた。とはいえ施行当初には約 3 割の ARGE では X-Sozial を採用しており、手動でのデータ置換を続けるか、A2LL に移行させるかの選択を迫られていた。BA が電算システムの統一を推進した結果、実施から 1 年半後にはほとんどの ARGE が A2LL への移行を果たしていた。しかしこの電算システムは使い勝手の上で問題が多く、相次ぐシステムトラブルが職員に大きなストレスをもたらしていたという[22]。

より重大なのは、認可自治体モデルを選択した69自治体に関するデータ収集の問題である。これらの自治体では従来どおり X-Sozial を使用したため、BA ではこれらの自治体での給付状況に関するデータを把握できない。SGBII によって義務づけられたデータ提出を果たすため、認可自治体では集計済みのデータを手動で BA に送付することになった。

BA の統計部門のウェブサイト[23]では、労働市場や給付に関する詳細にわたるデータが公開されているが、認可自治体分のデータは、こうした手動によるデータ送付の後、BA 統計局が数値を検証し、統計的に疑わしいデータの場合

---

21) Trube（2006）.
22) Beyer（2006）,S.63.
23) http://statistik.arbeitsagentur.de/Navigation/Startseite/Startseite-Nav.html

には推計値に修正して公開するという手順を踏んでいる。それゆえ、認可自治体分のデータは他のデータよりも3ヶ月遅れて公開される状況が現在も続いている。

なお、次章で述べるジョブセンター改革の中で、電算システムA2LLは廃止され、新たな電算システム（Alleglo）に移行することとなった。認可自治体および2012年から認可自治体に移行する自治体は、新たなシステムへの交換を義務づけられるわけではない[24]。しかし、従来のA2LLが廃止されるに伴い、いずれにせよ電算システムの更新が必要となったが、認可自治体モデルに移行する主体における更新費用は、次章で述べる移行費用への包括補助金の中で賄われた。

（3）「その他の給付」をめぐる対立

当初のSGBII第16条（統合給付）の第2項は次のように定めていた。「第1項に掲げる給付の他、稼得可能な要扶助者の稼得生活への統合に必要なその他の給付 weitere Leistung をおこなうことができる。」また、これに続いて「その他の給付にはとりわけ以下の各号が含まれる」として、家事・介護、債務、精神的心理的問題、依存症に対する相談や支援が挙げられている。これら列挙される事柄は第2章で述べた「自治体統合給付」であるが、この条文からは「その他の給付」には列挙された統合給付以外の手段もありうることを示唆していたように読み取れる。第16条第1項は主としてSGBIIIにおける措置を長期失業者にも適用することを定めるものであるため、第2項は雇用保険の全国統一的な水準と地域によって異なる福祉サービスのズレを受け止める手段として解釈されたのである。しかしこの解釈をめぐって、BAと自治体の間の軋轢が生じることとなった[25]。「その他の給付」の適用実態は実施主体によってかなりの相違があり、2007年の調査では、この給付適用者の受給者に対する比率は0.2%から71.1%（平均14.1%）までのばらつきがあった[26]。特にBA-AAの指揮命令系

---

24) 2010年9月20日ドイツ都市会議にて聞き取り。
25) Buestrich (2011), S.153-154.
26) Oschmiansky/Ebach (2012).

統から一定の独立性をもつ認可自治体においては、この規定を個人的問題や地域的事情に対応させた措置の可能性を提供するものと捉え、第16条1項（SGB Ⅲ の援用）に基づく厳格な運用から逃れる手段として活用されることが多かった。[27]

　第16条2項のこのような適用は、BA からみると「逸脱した運用」となる。例えば SGBⅢ 上の措置で、職業訓練の期間が定められている場合、当事者の状況によってはこれよりも長い必要があったり、短くても十分であったりする。こうした場合に自治体がこの訓練を「その他の給付」として実施し、その経費を BA に請求するわけである。BA はこうした運用について次第にチェックを厳格に行うようになり、要件に合わない給付に関して予算の返還を求めることもあった。07年末頃から BA は「その他の給付」の「濫用」防止に努めだし、08年には自治体との対立が激化していった。特にこの動きは認可自治体の存在意義を縮小しようとするものであり、実験条項の理念である「実施主体間の競争」を妨げるものと捉えられた。[28]

　このような BA と自治体の間の軋轢が先鋭化するなか、前章で触れた2010年施行の「手法改革」において、第16条以降には大幅な改正が加えられた。統合給付に関する諸手法の規定が第16a～第16g条に分割され、個々の手法により詳細な規定が盛り込まれた。[29] それによって、「その他の給付」は第16f条（任意の支援）と名称が変更され、BA が各実施主体に配分する統合予算のうち10％までを充当できるものとしたのである（第1項）。ただし、この「任意の支援」の適用には幾つもの条件が付された。法定給付を回避しまたはそれと重畳するものであってはならず、使用者への助成等は競争を阻害しないよう配慮が必要である。また措置の目的を助成開始前に書面にしなければならず、長期にわたる措置については定期的に成果を評価し文書化しなければならない、等である。

　この改正では、最低の枠組みだけを規定して、目的達成に必要な具体的な運

---

27) Sell (2010).
28) Sell (2010).
29) Gesetz zur Neuausrichtung der arbeitsmarktpolitischen Instrumente vom 21.12.2008, BGBl. I S.2917.

用は現場の裁量に委ねるようにしたのである。これによって、当事者や地域の状況に即した柔軟な対応が可能となるとともに、ジョブセンターが独自に支援手段を開発することも可能となった。[30]しかしこの改革が、実施主体の裁量の余地を拡張したのか、逆に縮小したのかについては議論が分かれるところである。一定の予算を配分しその枠内で地域的な裁量を可能にした側面をもちつつ、他方ではBAの集権的コントロールを可能にしたためである。[31]

4．実験条項評価報告書

（1）　報告書の概要

前述のように、04年の改正で盛り込まれたSGBII実験条項は、実施モデル間の成果を評価する旨定めていたが、この規定に則して、08年末には評価報告書が連邦議会に提出された。[32]実験条項が定めた評価の目的は、求職者の統合におけるARGEと認可自治体両モデル間の成果・効果の相違とその原因を明らかにすることにあった。しかし、次章で述べるように、ジョブセンター改革論議の中、報告書提出の半年前にARGEと認可自治体双方の実施体制存続の政府方針が打ち出されたため、同報告書のまとめ部分では、いずれの実施体制が優れているかについての明言は避けている。その結果として、実験条項の成果報告としての性格は弱いものとなり、「学術研究と政策提言の尾根歩き[33]」のようなものとなった。とはいえ、報告書の本文では両実施体制の性格の相違が浮き彫りにされている。

まず人事管理と職員の属性について。ARGEはAAと自治体の職員が混在する組織であり、双方の職員の身分や指揮命令系統は二元的である。職員の専門性は、職業斡旋や職業訓練に重きを置くAA出身の職員と、ケースマネジメント指向の自治体出身職員という相違があり、業務の実施においても文化の

30）　2012年9月、連邦労働社会省、SGBII担当者へのインタビューによる。
31）　Buestrich（2011）,S.155.
32）　Bundestag Drucksache 16/11488,16.12.2008.
33）　Sell（2010）,S.56.

相違がある。こうしたことから、ARGE 設置当初はケースマネジメントを自治体職員が、斡旋・各種措置提供の業務を AA 職員が担うという分担関係があったが、ARGE の定着につれてこうした分業関係は薄れ、むしろ AA 職員も研修を受けてケースマネジメントの役割を担うようになっている。とはいえ、ARGE では概して労働行政の伝統的性格が強く、認可自治体モデルにおいては、社会扶助業務の組織的伝統が強いとされている。

　こうした両者の組織・文化の相違は、それぞれの活性化・斡旋戦略のあり方の相違をもたらしている。ARGE では申請から斡旋やプログラム提供に至る過程において、AA から引き継がれた標準的プロセスを踏襲する傾向がある。また、ARGE では賃金補助金を活用しつつも需要充足的な所得を確保できる職への斡旋が指向され、制裁によって当事者の協力・譲歩を得るという傾向も強い。認可自治体は逆に、賃金補助金の活用は相対的に少なく、就労による給付からの自立を急がせるよりも対人ケアによる社会的自立を重視し、就労後も失業手当 II による所得補完を必要とする例が多いとされる。これは、社会扶助の伝統からくるケースマネジメント的な社会統合戦略への指向性を示すものであるが、逆にいえば対象者の自主性を尊重する余り活性化の成果は高くないということになる。

　また、両者の電算システムの相違がコントローリングの相違をもたらしていることも指摘されている。ARGE では電算システムやケースマネジメントのノウハウについて BA のもつネットワークに依拠するところが大きい。この電算ネットワークを通じて給付業務、ケース記録、提供した措置等の各種のデータが統一的に把握されるため、BA による集権的なコントローリングが容易であるといえる。これに対して認可自治体の多くでは、旧社会扶助法の時代に自治体向けに開発された電算システムを使っており、BA のネットワークとのデータ互換性をもたない。それゆえ認可自治体モデルでは地域を超えた業務の統一性や標準化に弱みをもつといえる。なお、これに鑑みて郡会議は認可自治体のネットワークを作り、類似団体間のパフォーマンスの比較や効果的事例の情報提供を実施している[34]。

　前述のようにこの報告書ではいずれが優れているかの明言を避けているとは

いえ、ARGE の方が斡旋指向的であり、長期失業者の労働市場への統合の成果が高いことを匂わせている。

（2） 報告書の問題性

前述のように、評価報告書は両モデル間の優劣の明言を避けているとはいえ、ARGE の方が労働市場への統合に関して高い成果を挙げていることを示唆したものであった。これに対して、報告書の草案段階から州や自治体の側からは強い批判が噴出した。[35] 9州が共同して発表したステートメントでは、この報告書が両モデルを公平に比較したものでないこと、調査研究の対象期間が約1年と短いもので、性急に斡旋された職に対象者がどの程度定着しているかについての検討を欠くこと、認可自治体のソーシャルワーク指向的な統合戦略が長期失業者のもつ種々の問題解決に資している面を過小評価していること、等の批判が展開された。

実験条項の評価において設けられた評価基準として、①職業生活への統合、②就職可能性の獲得ないし改善、③社会的安定、の三つがある。しかし Sell (2010) によれば、評価書においては社会的安定に関する指標を定めることが困難であるがために、事実上③は②に統合されている。また、就労能力の獲得・改善に関する評価についても「就労可能性 Beschäftigungsfähigkeit」を「就職能力 Employability」に矮小化しているという。ドイツ語でいう Beschäftigungsfähigkeit が、雇用情勢・雇用環境を含む広い概念であるのに対し、英語でいう Employability は個々人の能力の問題に帰するニュアンスがあり、その結果失業を労働供給側の個人レベルの問題に矮小化している。また、これに関する指標も突き詰めていえば、①職業生活への統合の評価指標に収束されてしまっているというのである。こうした指標による評価の結果、斡旋指向の強い ARGE の方が良好な成果を挙げているように現れるのは当然であるが、長

---

34) 例えば、Kommunen für Arbeit, Benchmarking der 67 Optionskomunen, Berichtsjahr 2011.

35) Stellungnahme der Länder BW, BY, HE, HH, NI, NW, SL, SN, TH vom 2.12.2008. In: Endbericht zur Evaluation der Experimentierklausel nach § 6 c des SGBII, Anhang.

期的にみて受給者が安定した雇用関係を継続することになるのか否かはこの評価書では明らかにされていない。

小　括

　本章でみてきたように、求職者基礎保障の実施主体は法案段階の BA-AA による実施形態から、審議の過程で ARGE へと変更され、施行直前の改正で実験条項により認可自治体モデルが追加されるという経過を辿った。この変遷は、労働市場政策に対する自治体の参画を拡張する方向の変化といって過言ではないだろう。旧社会扶助法下で自治体は、就労扶助の取組みを通じて受給者の労働市場への統合策におけるイノベーションを起こしてきたといえる。またその際には、低学歴・低資格や就労経験の欠如、精神的・心理的な問題、債務や家族問題といった受給者のもつ固有のニーズに対して、児童青少年扶助や障がい者扶助、公衆衛生等の自治体の他部門との連携を通じたケアを実施してきた。こうした自治体の経験と成果が、SGBII の実施主体に関する変更の背景となったことは明らかである。このような認可自治体の実際の取組みについては第5章で詳述する。

　しかしその一方で ARGE における AA と自治体の協同も徐々に進展を見せた。施行当時は BA と自治体の別々の人事・指揮命令系統の下での「協働」の難しさや混乱が大きかったものの、BA との情報ネットワークを通じたコントローリングの容易さもあって、混乱は徐々に収束をみせた。特に労働市場への統合を一義的とする BA の方針の下で、制裁的手段も用いつつ迅速な斡旋に努めた結果、実験条項評価報告書では認可自治体よりも成果が大きいという評価も得たのである。

　とはいえ、ワークフェア指向の強い ARGE の斡旋が、受給者の長期的な社会生活上の安定をもたらすかどうかは定かではない。また、AEGE における AA と自治体の協同が全て良好に進んでいたわけではない。次章以降で述べるように、AA との協同に不満をもつ自治体は多く存在していた。BA による集権的なコントローリングに対する反発、さらに地域的な労働市場政策に対する

自治体の主導性喪失への落胆が背景にあったと考えられる。

第4章

違憲判決とジョブセンター改革

はじめに

　前章までに明らかにしたように、実験条項導入以後の SGBII においては、ARGE、認可自治体、分離という三つの実施主体モデルが併存した。しかしこの選択肢のうち ARGE に関しては、基本法が禁じる混合行政だとの批判が当初よりあり、実際にこれを争点とする違憲訴訟も起こされている。2007年には連邦憲法裁判所が原告の主張を認め、ARGE を違憲とする判決を下したため、SGBII の実施主体は見直しを迫られることになった。しかし最終的には、ARGE を基本法上の例外として規定する基本法改正という驚くべき方法によって問題の解決が図られたのである。これと同時に SGBII の大幅な改正が行われ、認可自治体モデルは実験条項から恒久的な選択肢として規定されるに至った。本章ではこの違憲判決に至る一連の経緯と、同判決が SGBII の実施体制にもたらした影響、および問題解決に至る経過に注目する。

　また、この裁判の争点にも関わる政策動向として、この間二回にわたって行われてきた連邦制改革にも言及する必要がある。この改革を通じて邦と州の関係に関する再規定と自治体に対する州の立法権の再確認がなされ、連邦から自治体に対する直接の関与を排除することが明確にされたのであるが、ここで整理された政府間関係がまさに前述裁判の争点でもあったのである。

　本章ではこの違憲訴訟と判決の概要、連邦制改革を経ての基本法改正と SGBII の大幅な改正（ジョブセンター改革と呼ばれる）の経緯を辿り、SGBII の

実施主体問題がどのように決着をみたのかを明らかにしていく。

1. 11郡訴訟と違憲判決

(1) 11郡訴訟とその争点

　SGBIIが本格施行される直前の2004年末、ドイツ郡会議が支援する11の郡は、SGBIIの違憲性を争点とする訴訟を起こした。この訴訟は失業扶助と社会扶助の統合それ自体を問題にしたのではなく、実施主体の規定と財源保障のあり方を問題にするものであった。郡会議はSGBIIの立法当初から、統合された両給付の事務を一括して自治体レベルに移譲し、基本法に沿った財源保障をすべきであると主張してきたという経緯があり、実験条項で設けられた認可自治体モデルは、まさにこの主張に沿ったものであった。また、SGBIIの規定に含まれる連邦と自治体の権限・責任関係や財源配分関係は、ドイツ連邦制の原則に鑑みれば、その正当性が極めて疑わしいと考えられた。このような経緯から、郡会議は11郡の訴訟を支援したのである。郡会議によれば、訴訟の争点は次の三点であった[1]。

　第一に、第6条第1項の次のような規定についてである[2]。

「本編の給付主体は以下のものとする。
1．第2号に別段の定めがない限りで、連邦労働エージェンシー、
2．州法が他の主体を定めない限りで、第16条第2項第2文第1号ないし第4号、第22条、第23条第3項に定める給付については、郡格市および郡。」

　第2号に列挙される自治体の業務とは、育児支援、債務相談、依存症相談等の「自治体統合給付」（第16条第1項、後に第16a条）、住宅暖房費の給付（第22条）、家具等の初回調達、妊娠・出産に要する衣類調達、学校のクラス旅行等の個別給付（第23条第3項）を指す。これに対して原告の主張は、「自治体が行

1）　Henneke（2005a）.
2）　SGBII本体の施行は05年1月1日であるが、それに先立ち実施主体の組織に関する規定部分は04年1月1日に施行されている。ここでは訴訟当時のSGBII条文による。以下も同様。

うべき業務」を連邦法が州の権限を飛び越えて規定することは、ドイツの連邦制の原則に悖るのではないか、ということであった。基本法第83条および第84条第1項により、連邦法の実施を直接又は間接に州行政として実施するものとするかどうかは、州が自己責任をもって決定する事項である。また、自治体の業務に関する規定は州の専属的立法権に属するものである。従って、連邦法であるSGBIIが州の立法権を飛び越える形で自治体業務を規定するのは、基本法に定める連邦制の原則に抵触する、というのが第一の主張点であった。

第二に、SGBII第44b条に関わる争点である。同条は、自治体とAAがARGEを共同設置すること（第1項）、自治体がSGBIIの業務実施をARGEに委任しなければならないこと（第3項）を定めている。しかし、基本法第28条第2項は「市町村は、地域的共同体のすべての事項について、法律の範囲内で自らの責任において規律する権利を保障されなければならない」と定めている。この地方自治の理念に対して、連邦機関との協同体を設置することは、「混合行政 Mischverwaltung」[3]にあたるという主張である。

第三に、第46条に関する争点である。同条は、自治体統合給付にかかる費用や受給者への住宅暖房費を自治体が負担することを定めている。自治体がSGBIIの実施にかかる業務をARGEに委任するよう義務づけられるにもかかわらず、こうした財政負担責任を負うことは、基本法104a条に示される、財政負担と業務遂行主体の一致という原則に反するというのが原告の主張である。第1章で述べたように、連邦はSGBIIの施行を通じて自治体に25億ユーロの負担軽減をもたらすことを約束したが、その実現如何は疑わしいという思いが自治体側には強かった。さらに自治体側は、負担軽減そのものが地域間格差に配慮していないことも問題であるとする。特に社会扶助に比べて失業扶助受給者の世帯数が多い地域、すなわち郡および東部州の自治体に対して財政負担は不利な結果となるという問題もあった。

---

3) この用語は基本法条文に用いられているわけではないが、原告の主張および判決は基本法の主旨から混合行政が禁止されていると捉えている。

（2）　違憲判決の概要

　2007年12月、連邦憲法裁判所が下した判決[4]は、前述三点のうち第一（第6条関係）、第三（第46条関係）の点について棄却した一方、第二の点（第44b条関係）については郡側の主張を支持し、ARGE の組織形態は違憲とするものであった。以下では違憲とされた点に絞って判決の趣旨を略述する[5]。なお、第6条に関わる論点は次節における連邦制度改革の文脈で言及する。また第46条関係の論点は本書第6章において言及する。

　まず、基本法第83条（連邦と州の間の権限配分）は、「各州は、基本法が別に定め、または認めない限り、その固有の事務として連邦法を執行する」としている。また前述のように、基本法第28条第2項は、自治体が「地域的共同体のすべての事項について、法律の範囲内で自らの責任において規律する」ことを定めている。これらの条文は自己責任による任務遂行原則、すなわち、連邦、州、自治体はそれぞれの事務を固有の職員、手段、組織をもつ機関によって遂行するという原則を定めたものである。これに対して SGBII 第44b条第1項は、「本編の業務を統一的に実施するため、本編の給付主体は、私法上の契約または公法上の契約により、協同組織を設ける」としている。この規定は、以下の観点から基本法の理念に反している。

　ARGE は連邦の組織である AA と自治体という二つの行政機関を単に空間的にまとめたものにとどまらず、双方から分離・独立した高権的給付行政の執行主体となっている。第44b条が ARGE における統一的な業務実施を定めている以上、稼働能力や要保護性の判定や給付の是非、さらに人事や組織のあり方等について、ARGE として統一的に意思決定しなければならない。その際、統一的な意思決定の前提として、求職者基礎保障の実施主体である AA と自治体の間で見解が一致している必要がある。両者の見解が対立する場合、意思決定は結局のところ二者のうちの一方――実際上は通例自治体――が指揮命令権を放棄し、それにより自己の影響可能性をも放棄することとなる。つまると

4）　Bundesverfassungsgericht, 2 BvR 2433/04 vom 20.12.2007（http://www.bverfg.de/entscheidungen/rs20071220_2bvr243304.html）.
5）　判決文については東洋大学法学部上田真理氏の仮訳を参照させていただいた。

ころこの組織形態は、いずれか一方あるいは双方に妥協を強制することを内在的に前提としているのである。従って、この二つの主体が「統一的に」実施することは、それぞれが自らの責任において律するという「自己責任による任務遂行原則」に反することになる。いわゆる「混合行政」の弊害はまさにこの点にあるといえる。

以上のような理由から連邦憲法裁判所は、第44b条は郡や郡格市に対する自治保障の理念に違反しているとともに、同条が規定するAAと自治体の協力のあり方は基本法で許容された限界を超えているとした。その上で憲法裁判所は、2010年12月31日までに法改正を行い、この違憲状態の解決を図ることを立法者に求めたのである。

2．連邦制改革とその影響

(1) 連邦制改革の課題と経緯

ところで、前述の連邦憲法裁判所の判決は、同時期に行われていた連邦制改革の動向を踏まえたものでもあったと考えられる。ドイツにおける連邦・州・自治体という政府間関係は、立法上の権限および財政負担関係のあり方をめぐってしばしば問題を生じていた。主な焦点はEU法への対応や立法過程の迅速化にあったが、第1章で述べたように、社会扶助費負担をめぐって先鋭化した連邦・州・自治体間の財政負担問題や立法権限の明確化も課題に含まれていた。

連邦制改革は、すでにSPDシュレーダー政権下の2003年4月に改革の必要性と連邦政府の見解が示され[6]、検討のための連邦制度改革委員会が設置されていた。同委員会は、2005年9月の総選挙によってメルケル首相の下でCDU/CSUとSPDの大連立政権が成立した時期をはさんで、3年かけて検討を進めていた。この委員会の課題は、第一に欧州統合の進展に鑑みて連邦基本法をEU法に対応させること、第二に連邦の立法過程の迅速化を図るために、連邦

---

6) Modernisierung der bundesstaatlichen Ordnung, Position des Bundes, Berlin, 09. April 2003.

と州の権限、事務配分、財政責任を明確に区分し、連邦の立法における参議院の同意権をそれに対応させること、第三に東部諸州の事情を勘案しつつ、連帯的連邦制の強化と競争的要素によるその補完を図ること、といった点に置かれていた。[7]このうち特に第二の点は、連邦・州・自治体の間の権限関係を整理するという意味において、ハルツ改革をめぐる政府間行財政関係の錯綜問題にも密接に関わる問題であった。

　最終的にこの改革は06年、09年の二次にわたって行われ、第一次改革は上記の課題のほとんどをカバーする大規模なものとなった。これについては次項で詳述することとし、ここでは第二次連邦制改革の概要をまとめておく。第二次連邦制改革は、第一次改革で先送りされた財政規律の厳格化を主目的とするものであった。EU通貨統合に伴う財政安定化協定では、財政赤字はGDPの3％以内とすることが求められているが、ドイツは2002年以降この協定に違反し続け、是正勧告を受ける状況にあった。こうした状況下で財政の健全化を図るために、連邦・州を通じた起債原則の厳格化を図ったのがこの改革の眼目であった。この財政規律強化方針は、第6章でも触れるが、2009年の手法改革のバックグラウンドでもあり、SGBⅡ関係支出の削減圧力を高めることとなった。また、連邦・州を通じた行政の現代化もこの改革のもうひとつの目的としてあった。すなわち、連邦および各州の間で電算システムを統一し、比較可能な行政データ収集を行う体制を整え、そしてこのデータを用いて統一的な行政評価システムを導入することとしたのである。

　こうしてみると、二次にわたる連邦制改革においては、一方で連邦と州の権限・責任区分の明確化を指向しつつ、他方では行財政の効率化をめぐるコントローリングにおいては共通化・連携を強化しているという一見矛盾した性格が垣間見られる。すなわち、これらの連邦制度改革は、単純に分権化を進めたというものではないことが窺えるのである。

7）　Pressmitteilung der Bundesregierung vom 14.10.2004, "Föderalismus: Renovierung eines Erfolgsmodells".

（2） 第一次連邦制改革

　第一次連邦制改革（2006年9月施行）は1949年以来の基本法の大規模改正を伴い[8]、連邦と州の権限の錯綜を解消することによって連邦議会での立法の迅速化を図るとともに、連邦・州の両者の責任を明確化し、それぞれの独立性を高めることを主内容とした[9]。

　最大の焦点は、連邦参議院の同意事項の縮小であった。ドイツ基本法には、連邦・州それぞれの専属的立法権と両者の間での競合的立法権とが規定されており、後者に属する立法領域および連邦法によって州に大きな財政負担をもたらす場合に関しては、各州の代表からなる連邦参議院の同意が必要とされている。連邦参議院の存在は、各州代表によって二院制の一翼を構成することによって連邦と州との対等な関係を保障する意味をもってきた一方で、時々の連邦政府にとっては、立法過程において絶えず州側への妥協を強いられるという点で目の上のコブとも捉えられてきた。この基本法改正は、連邦参議院の同意を必要とする範囲を縮小することによって立法プロセスの迅速化を図ることをめざしたのである。これによって、同意が必要な連邦法の比率は60％程度から35〜40％程度に減少した。

　しかしその一方で、連邦と州の間の権限関係の再規定を通じて州の権限範囲を拡張することも同時に進められた。これによって参議院権限の縮小とのバランスをとり、改革の目的を達成しようとしたのである。それは一方で、各種行政法の施行法において、州が連邦法と異なる規定を設ける権利 Abweichungsrecht を容認することであり、また他方では州の専属的立法権限を拡張することにあった。州の立法権が強化されたのは、教育や住宅、交通等の分野であり、特に大学に関する業務の70％は州に移管された。

　また、これがとりわけここでの論点に関わることであるが、自治体に対する事務の委任・義務づけが今後連邦法によってはできないこととなった。そもそも市町村に関する立法は州の管轄とされていたが、多くの連邦法が自治体に事

8） Gesetz zur Änderung des Grundgesetzes vom 28.08.2006, BGBl. I, S.2034.
9） 連邦制改革については、Baus u.a.（2007）および山口（2010）参照。

務を義務づける規定をもっており、州の頭を飛び越えて連邦が自治体業務を規整することが常態化していた。この改正によって、基本法第85条第1項には、「連邦法によって市町村および市町村連合に対して事務を委任することはできない」という一文が追加された。これによって、自治体業務に対する州の立法権が改めて確認され、連邦法による自治体への直接委任が禁止されたのである。06年9月1日以降の新法や法改正においては、連邦法が定める事務は州法を介在させて自治体に義務づける形をとることになった。前述の訴訟にみられるように、SGBIIは求職者基礎保障にかかる業務をARGEに委任するよう義務づけていたのであるが、改正された基本法の枠組みではそもそもこうした連邦から自治体への義務づけは明らかな違憲ということになる。

(3) 連邦制改革とSGBII

前述のような基本法改正の結果に鑑みれば、そもそも連邦法であるSGBIIが自治体をその実施主体として規定していること自体が違憲状態ということになる。現行法はさしあたりそのままの推移を認められたが、それ以降の法改正においては、連邦は自治体に新たな事務を課すことは認められず、州を介しての義務づけ・委任という方法をとらねばならなくなった。つまり連邦法は州に対して義務づけ・委任を行い、さらに自治体への義務づけ・委任が必要な場合は州法によって定めることになる。

前述の11郡訴訟においては、SGBII第6条第1項に関わる争点(自治体に対する事務の義務付け)は棄却されたのだが、この点については実質的に第一次連邦制度改革によって問題の決着が図られたとみることもできよう。今後のSGBIIの改正においては、その執行主体であるARGEや自治体の組織に関して、州の立法が大きく関わってくることになることとなった。

このことは単に事務の義務づけや委任の問題にとどまらず、財政負担の問題にも関わってくる。連邦は自治体に対して直接に事務およびその費用を負担させることはできない。このことは逆に、自治体に対する財源保障責任が連邦にはないことを意味する。州法が事務を自治体に委任する場合には、州憲法に定められる牽連性原則(第1章参照)が適用される[10]。つまり、事務を委任する主

体である州が、それに要する費用に関して財源保障責任を負うことになる。州は、自治体に対する財政調整制度を通じて、この追加的費用に対して何らかの補填措置をとることになろう。さらに、この改正がそもそも連邦法改正に起因するものであれば、州は連邦に対して同じく牽連性原則に従って費用補填を求めることになる。連邦が費用補償の規定を設けなければ、州の側は連邦参議院においてこの連邦法に拒否権を行使することもできる。このような形で、連邦が自治体に直接関与する道は原則として閉ざされたのである。

　この改正に関する自治体側の評価は、特にドイツ都市会議とドイツ郡会議の間で異なっている。ドイツ都市会議はこの改正に際して、基本法上に連邦―自治体間の牽連性原則を盛り込むことを求めてきた。すなわち、これまで都市に大きな財政負担を強いてきた連邦社会扶助法がまさにそうであったように、連邦法によって自治体に義務づけられた事務は数多く、またその費用に関して連邦が直接に負担を行う仕組みがなかったため、自治体側は自らの裁量の余地の少ない事務の費用負担を負うということの理不尽を訴えてきたのである。こうした文脈で都市会議は、自治体に影響を及ぼす事務に関しては連邦が牽連性原則にのっとった費用負担責任を負う旨を、基本法上に盛り込むよう求めてきた。しかし今回の基本法改正ではこの点は盛り込まれなかった。ドイツ都市会議はこの点を不満とし、今後第二段階の基本法改正での牽連性原則の盛り込みを求めていくと述べた。[11]

　これに対して郡会議は、連邦が州の頭越しに自治体への事務委任や財源移転を行うことがそもそも基本法における連邦制の原則に反しているとの立場から、今改正での州の位置づけを高く評価している。[12] 郡会議によれば、連邦政府と自治体との間に関する牽連性原則を基本法上に盛り込むという都市会議の主張はドイツの連邦制理念に則して考えれば全く筋違いのもので、自治体に対する事務の委任や財源保障は州のレベルにおいて果たされるべきものである。それゆえ今回の基本法改正は、郡会議が長年要求してきた、連邦による自治体へ

---

10) Boehl (2007).
11) Deutscher Städtetag, Pressmitteilung vom 2. Juni 2006.
12) Deutscher Landkreistag, Pressmitteilung vom 31. Augst 2006.

の直接委任の廃止を実現したものである、と評価したのである。

3．ジョブセンター改革と認可自治体の拡張

(1) 違憲判決後の動き

さて、ARGE に対する違憲判決を受けての動きに戻ろう。判決が下されたのは、ハルツ改革実施からすでに3年を経た時点の07年末であり、実施主体の8割を占める ARGE においては、自治体と AA の協同体制がようやく軌道に乗った段階だった。この段階で ARGE が違憲とされたことによって、SGBII の実施体制は大きな危機に直面することになった。連邦憲法裁判所が示した「2010年末」という期日までに合憲状態を作り出すために、連邦・州および自治体の間では次に示すような激しい改革論議が行われた。しかしその議論は迷走し、結論の行方は二転三転するという展開をみせた。

08年5月にベルリンで開催された連邦・各州労働社会大臣会合では、今後の改革論議において前提となるべきは、自治体と AA との協同関係の存続であり、受給者に対する「ひとつの手からの」援助であると確認された。[13] しかし、両者の協同関係をどう再編して合憲状態を作り出すのかについては見解が大きく分かれた。この時点で登場したのは、「協同ジョブセンター」案と、「労働・基礎保障センター ZAG」案とである。

「協同ジョブセンター」案は、BA と自治体の行政管轄を明確に分離し、双方がそれぞれ固有の人材、物的資源、組織をもって実施すること、その上で両者が協同するというものであった。前述の違憲判決における「自己責任による任務遂行原則」を確保しつつ、しかし異なる機関が空間的に統合された形で情報を共有し調整を行うことは可能であるという考え方である。つまり「ひとつの手からの」援助というより、「ひとつの屋根の下での」援助というべきものであった。「分離が必要なのと同様に協働も必要である」[14] という事情の下で合

---

13) Beschluss von Sonderkonferenz der 85. Arbeits- und Sozialministerkonferenz am 2008,09. Mai 2008 in Berlin.

憲状態を作り出すための、あまりに苦しい解釈であったといえる。

これに対してZAG案は、独立した人事権や予算権をもつ公法人を設置し、これを実施主体とするというものであった。ZAGは連邦・州・自治体のいずれにも属さない、全く独立した政府として提案された。しかしこれは、「巨大な官僚機構をつくろうとしているかにみえる」[15]こと、つまるところ連邦政府のコントロールを強化するものであったため、自治体側はそもそもこの案には反発していた。

結局のところ政党間・州間の見解の相違から、この二つの案はいずれも合意を得るに至らなかったが、これらの案と並行して登場してきたのが、基本法改正案であった。つまり、ARGEを例外的に許容される混合行政として基本法に盛り込むことによって「合憲状態」を作り出すというものである。基本法改正によって合憲状態を生み出すというのは一見乱暴な議論であるが、ARGEがSGBIIの実施主体として定着してきていたという事情の下、現場の大きな混乱を回避するためにはこれも有力な選択肢となっていた。ARGEを解体することは現場にかつてない混乱をもたらすこと、また前述二案にみられるようにいずれにせよARGEに類した協同機関の存在は不可避だという判断が次第に優勢となっていった。

基本法改正案は09年3月に一旦は否決されたものの、09年9月の総選挙でCDU/CSUが大勝したことによって基本法改正への見通しが得られると、基本法改正への動きが確定方針となっていった。総選挙の後、05年以来のSPDとの大連立を解消してFDPとの連立に転じたCDU/CSU政権は、SGBII実施体制の見直しに向けて再スタートを切った。

（2） 基本法改正

2010年2月には基本法改正によるARGEの存続について連立政権内での合意がなされ、7月21日付で基本法改正が行われた。[16] 基本法は、連邦と州の権限

---

14) Vorbericht für die 195.Sitzung des Hauptausschusses des Deutschen Städtetages am 12.Mai 2009 in Bochum.
15) Vorholz (2009).

区分を明確にすること、また市町村に対する立法は州の専決的権限であること、という連邦主義を原則としているが、新設された第91e条では、SGBIIにかかる業務に関しては混合行政を例外的に認めることを以下のように定めた。

第91e条
（1）求職者基礎保障の分野における連邦法の施行に際しては、通常、連邦及び州ないし州法に基づいて権限をもつ市町村・市町村連合が共同設置機関において協力する。
（2）連邦は特定数の市町村および市町村連合に、それらの申し出に基づき、また当該団体の上級の州当局の同意を経て、前項に基づく業務を単独で実施させることができる。その際に必要となる、行政費用を含む支出については、第1項に基づいて連邦の実施するものとされる業務の執行の限りにおいて、連邦が負担する。
（3）詳細については連邦参議院の同意の下に連邦法が規定する。

このように、第1項においては連邦と自治体による共同設置機関、すなわちARGE（後述するように、SGBII改正によりARGEはgEに名称変更された）がSGBIIの実施主体となることが盛り込まれた。また第2項では共同設置機関に代わり認可自治体がこの業務の担い手となりうることを示している。基本法が個別法の実施主体についてここまで書き込むことには違和感があるが、これまでの経緯を踏まえれば、SGBIIがあくまでも例外として容認されたという事情がこうした規定につながったものと考えられる。

また、第1項から第3項までそれぞれにおいて州の役割が書き込まれていることも注目される。前述の第一次連邦制改革の結果、連邦は自治体に対して直接に事務を委任することができなくなった。もともと自治体への関与は州の専属的立法権に属するものであったが、この連邦制改革によってそれが明文化されたわけである。従って、自治体がSGBIIの実施に関わって共同設置機関に協力すること、また認可自治体に申請し認可を受けることは、「州法に基づいて」あるいは「州当局の同意を得て」行われねばならないのである。

---

16) Änderung des Grundgesetzes vom 21.7.2010, BGBl. Ⅰ, S.944.

(3) ジョブセンター改革

基本法改正を受けての SGBII 改正[17]は、認可自治体モデルおよび ARGE 双方を恒常的な実施体制として認めることを定めた上で、ジョブセンター改革をめぐる議論の中で浮かび上がった組織上の問題への対応を含むものとなった。その主な改正点は以下の通りである[18]。

まず、ARGE の実質的な存続とその名称変更および組織体制の明文化である。第44b 条の表題が「協同体」から「協同機関」に改められ、従来 ARGE と呼ばれてきた組織は gE と名称変更されることになった。なお、改革前に23団体に達していた分離モデルは廃止され、実施主体の選択肢は gE か認可自治体のいずれかに限定された。この gE および認可自治体はともに「ジョブセンター」の名称を用いることになった（第6d条）。また、第44c 条から第44k 条が追加されたが、これらは gE の組織・人事や意思決定の手続き等に関して詳細に規定するものである。違憲判決において、意思決定システムの不透明性が指摘されていたことを踏まえ、実施者総会の構成や議事、所長の選出とその任務、職員の身分や ARGE 組織からの継続性、職員代表等の詳細にわたる規定が設けられた。

その上で、SGBII の実施における成果を、次に述べる認可自治体を含めたジョブセンター間で比較可能にするために、連邦統一的な評価システムの下に置くものとし、このため BA との電算システムの共通化を図るものとした。認可自治体も gE も同様に、統一的なデータ収集を行い、透明性を確保し、長期失業者数の減少、統合率等の指標に関する目標管理を行う。目標協定は、gE においては BA との間で、認可自治体においては連邦と州の間の目標協定を踏まえて各州と認可自治体の間で取り決められることとなった。このコントローリングは、連邦および各州の間で電算システムを統一し、比較可能な行政デー

---

17) Gesetz zur Weiterentwicklung der Organisation der Grundsicherung für Arbeitsuchende vom 3.8.2010,BGBl. Ⅰ,S.1112.
18) 改正点については、連邦労働社会大臣のステートメントに依拠している。Ursula von der Leyen, "Jobcenterreform schafft solide Basis für Aufschwung am Arbeitsmarkt" ,Bundesministerium für Arbeit und Soziales,Pressmitteilung vom 17.06.2010.

タ収集を行う体制を整えることによって、統一的な行政評価システムを導入するという第二次連邦制改革（09年施行）の方針に沿うものといえる。

　ARGE から gE への組織変更は、現場の実施主体にどのような変化をもたらしたのだろうか。gE へのインタビュー[19]によれば、大半の職員および受給者にとって、ARGE の時代から基本的には何ら変わるところはないとのことであった。つまるところ、違憲と判断された混合行政が基本法改正によって合憲化されただけという見方である。違憲判決以降、ARGE の先行きが不透明になり職員の間に動揺が広がったが、この組織が実質的に継続し、職員の雇用も維持されることになったことに安堵した様子であった。

　変化したことは、所長や実施者総会の権限が明確化され、意思決定プロセスが透明化されたことである。実施者総会は AA と自治体より選出される委員からなり、所長の選任、業務の運営や組織体制、人事等に係る決定を行う。所長は両主体のいずれかより選出され、他の主体からは実施者総会の議長を選出する。実施者総会への提案者は所長であるが、構成員の見解が分かれた時の決定権限は議長である。それゆえ形式的には AA と自治体のいずれか一方の発言権が強いということはないとのことである。

　gE が独立した行政機関ではなく、AA と自治体という二つの実施主体からなる組織であるということは、ARGE の時代から何ら変更はない。gE が独自に職員を採用することはできず、人事権はそれぞれの主体がもち、職員の待遇が異なるという問題は解決されていない。統一的な研修計画・人員計画が義務づけられているものの、両実施主体がそれぞれ独自の研修・人事システムをもつ状況には変わりがない。

　また、目標協定は以前から導入されており、gE に関しては州が介在せず BA の地方局との協議を通じて目標設定を行うことも従来どおりである。目標達成のためにどのような手法を活用するかについては gE に裁量があり、新たな手法の導入に関して実施者総会が承認する手続きも同様である。ただし、25

---

[19]　2011年9月1日 JobCenter Friedrichshain-Kreuzberg（Berlin）および2012年9月11日 Jobcenter Höchst（Frankfurt/M）でのインタビューによる。

歳以下、中高年層、シングルマザー等、特別なターゲットグループごとに目標設定をするようになった点が異なるのみという。

（4） 認可自治体の恒久化と拡張

　ジョブセンター改革としてのSGBII改正は、同時に認可自治体の恒久化と拡張を含むものであった。「実験条項」とされた第6a条の表題は「認可自治体」と改められ、2010年末までの期限付きの実施形態とされていたものが「無期限に延長」されることになった。また、実験条項では69団体とされていた認可自治体数の上限も、全ジョブセンターの25％すなわち108を上限として拡張されることになった。

　なお、ARGEから認可自治体に移行する自治体には、以下のようなことも義務づけられた。第一に、旧ARGEに属していたAA職員の90％を自治体が雇用することである（第6a条第2項第3号）。AA職員と自治体職員では労働協約が異なり、概して自治体の方が職員給与は低い傾向にあった。移行に伴う不利益を最小限にするため、異動時にはAA（BA）での協約に従うものとされ、異動後の給与等が減額になる場合には差額に基づいて調整手当を支給することとされた（第6c条）。

　第二に、連邦全体のデータ把握、成果公表、学術調査および業績比較を可能とするために、別途定められるデータを収集し、BAに伝達する義務を負うことである（第6a条第2項第5号）。データ収集・伝達は従来の認可自治体においても行われてきたことだが、連邦労働社会省のコメントによれば、[20] BAの電算システムとのインターフェース等を設けることが申請の要件とすることとされている。前述のように、ARGEではBAの電算システムが用いられていたが、このシステムの使い勝手がよくないことに加え、自治体の電算システムとのデータ互換性がない。次章で述べる新たに認可された自治体の中では、市の電算システムへのデータ移管を行うと同時にBAのネットワークにも接続するという二重の取り扱いにするところもある。[21]

20）　Bundesministerium für Arbeit und Soziales, a.a.O.

第6a条はさらに、認可自治体の申請要件や選定手続きの詳細を以下のように定めた。まず、申請には当該自治体の議会の3分の2以上の合意と州当局の同意が要件とされた。2010年12月末を申請の〆切とし、州は割り当てられた認可数を上回る申請があった場合、質的・量的な職員配置の適切性、斡旋や統一的事務執行の実績、内部コントローリングシステムの構築等の観点から自治体の適性を審査し、優先順位をつける。連邦労働社会省がそれをもとに認可自治体を決定することとされた。前述の連邦制度改革を踏まえ、これまで社会扶助やSGBIIにほとんど関与しなかった州の役割がここでも明確にされているといえる。

　州の関与は、認可自治体における事務の実施に対する監督という点でも明記された。連邦の監督権限は、認可自治体に連邦財源が投入されている限りで、州を通じて間接的に及ぶことになる。また目標協定に関しても、gEがBAと直接に協定を結ぶのに対し、認可自治体の場合は、まず連邦と州の間で目標協定が結ばれ、それを踏まえて州と自治体との間に協定が結ばれるのである。

　とはいえ、連邦の関与が皆無というわけではない。認可自治体はgEと同様に連邦予算からの配分を受けるが、その限りにおいて連邦会計検査院の監査を受けることになる。また、連邦労働社会省は認可自治体における収入と支出に根拠があるかどうか、経済性および節約性の原則に従っているかどうかを検査し、支出の秩序適合性およびその理由と程度からみて連邦の負担が妥当か否かを判断し、場合によっては資金の償還を求めることもありうる（同第5項）。これは、第3章で述べた「その他の給付」をめぐるBAと自治体の軋轢を思い起こさせる規定である。連邦制改革を経て、連邦から自治体に対する直接の関与は影をひそめたかと思われた一方で、SGBIIの実施主体として連邦予算を執行する機関としての認可自治体に対しては、なお直接関与の余地は残されているといえる。

21）　2011年9月5日、Jobcenter Münsterでのインタビューによる。

（5） 認可自治体モデルのさらなる拡張の可能性

　前述のジョブセンター改革を経て、gE と認可自治体という二つのモデルの選択問題については一旦区切りがついたかに思われた。しかし、2014年10月にはさらにこの問題に一石を投じる動きがみられた。

　ジョブセンター改革に際して新たに認可自治体への移行を申請した自治体の中で、選定から漏れた自治体等を中心とする1市15郡は、連邦憲法裁判所に対して次のような申し立てを行った。第一に認可自治体の選定方法に恣意性がある、第二に認可自治体申請に際して議会の3分の2以上の同意が必要とする連邦法には疑義がある、第三に連邦労働社会省が認可自治体に対して監査を行うことは州の監査権に抵触する、の三点である。

　連邦憲法裁判所はこの訴訟に対して、2014年10月7日に次のような判決を下した。[22] 第一に、連邦機関は自治体に対して特定の法解釈や予算・決算・会計方針に従うことを強要できないとし、認可自治体に対する連邦労働社会省の監査権限を否定した。この点については、第6章でも述べるが、連邦労働社会省が認可自治体の予算執行に関して返還請求を求めていたことに対し、2013年に連邦社会裁判所が違法の判断を下している。従ってこの時点では、この論点はホット・イシューではなくなっていたわけであるが、憲法裁判所の判決によって、そもそも連邦政府の自治体に対する監査権限そのものが否定されたことになる。

　第二に、認可自治体の総数を制限する法的根拠はないとした。自治体が自らSGBII の独自の実施主体になるチャンスが保障されるべきで、全ジョブセンターの25％という上限の設定には根拠がないとしたのである。なお、1市15郡の訴訟を支援したドイツ郡会議での聞き取りによれば、原告側はこの点を必ずしも主要論点と位置づけていたわけではないとされる。2007年のARGEに対する違憲判決は、郡会議にとって自らの主張の正しさが支持されとはいえ、SGBII の実施体制に大きな混乱をもたらしたことは遺憾なことであり、再びこ

---

22) Bundesverfassungsgericht, Urteil des Zweiten Senats vom 7.Oktober 2014, 2 BvR 1641/11.

のような混乱をもたらすことを意図した宣戦布告ではないということであった。[23] 憲法裁判所の判決は、こうした原告側の意図を超えて、認可自治体総数の上限撤廃の可能性を示唆するものであった。

　第三に、認可自治体の申請にあたって議会の3分の2以上の同意が必要とする規定についても違憲との判断が下された。これは州法によって規定されるべきもので、連邦法であるSGBIIが規定するのは筋違いであるという解釈である。郡会議によれば、実はこの点が訴訟において最も重点を置いた論点であったが、この点も含め、郡会議側の主張が全面的に認められる判決となった。

　この判決を受けての法改正は2015年現在ではまだなされていない。というのも、この判決は期日を定めて連邦政府に法改正を迫るものではなく、単に認可自治体総数の設定に法的根拠がないことを示したものであって、法律を改正するか否かは立法者の裁量に委ねたためである。そのため、2015年時点では現行以上への認可自治体数の拡張は予定されていない。

小　括

　SGBIIの実施主体のあり方は、制度発足前からの数年間にわたって大きく動揺を続けてきた。BA-AAを実施主体として想定していた法案段階から認可自治体の容認への転換、そして実験条項による認可自治体モデルとARGEモデルとの併存までの変化は第3章で述べたとおりである。そして本章の段階では、ARGE違憲判決によって一時はARGE存続の危機かと思われる事態がもたらされ、最終的には基本法改正によるAA・自治体協同体モデルの存続（ARGEからgEへ）と、認可自治体モデルの恒久化とその認可数の拡張という形で決着をみた。

　こうした制度の動揺は、長期失業者の生活保障と労働市場への統合支援という政策領域の難しさ、あるいはジレンマの反映を示すものといえる。つまり、生活困窮者の生活保障と社会的包摂に重点を置くものであれば、社会扶助や児

---

23)　2014年8月26日、ドイツ郡会議でのMarkus Keller氏へのインタビューによる。

童青少年扶助の経験をもつ自治体が担うことが望ましく、対象者の職業生活への統合に重きを置くのであれば、労働行政の担い手である BA-AA が実施することが望ましい。また他方で、地域的な特性や対象者の個別ニーズを踏まえた支援が求められるのであれば分権的な実施体制が望ましく、全国的なサービスの標準化や広域的な資源活用が求められるのであれば集権的なコントローリングが必要となる。

　このジレンマを乗り越えるための切り札として登場したのが ARGE であった。制度発足当初は異なる二系統の行政主体が同居することによる混乱や意思決定・指揮命令系統の不透明さが問題視されたものの、実施から5年を経て AA と自治体の協同が成果を生むに至っていた。この段階での違憲判決と連邦制度改革とは、異なる政府レベル間の「混合行政」の問題性を改めて確認させるものであった。結局のところ、この問題は基本法改正という驚くべき手段で解決されたのだが、このことは各政府レベルの権限の明確な分離を旨とする連邦制のあり方と、対人支援と就労支援を「ひとつの手から」行おうとする SGBII の政策意図との間で、ここにもジレンマが生じていることを露呈したのである。

　他方で認可自治体モデルについてはこのようなジレンマが存在しないかといえば、そうではない。確かに、ARGE や gE にみられるような、異なるレベルの政府が混在する組織ではなく、意思決定や指揮命令系統は明確である。しかし、州を介してではあるが連邦法による委任がなされ、連邦政府から財源移転がなされる以上、連邦からの直接間接のコントローリングは不可避である。連邦の財政負担の妥当性如何をめぐって費用返還請求もありうるという状況下では、認可自治体といえども連邦の意図を外れた運用は困難と考えられる。

第5章

認可自治体モデルの選択と実施状況

はじめに

　前章までに述べてきたように、SGBII の実施体制——ARGE ないし gE か、認可自治体モデルか——をめぐる問題は、ハルツ改革の端緒から実施に至るまで、絶えず大きな争点のひとつをなしてきた。時限付の実験条項の下で導入された認可自治体モデルは、前章で述べたジョブセンター改革によって恒久化・拡張された。認可自治体に移行する自治体の申請が2010年末〆切りで行われ、申請した78団体から41団体が選定され、2012年1月に移行を果たした[1]。この認可自治体の恒久化・拡張によって、実施主体如何をめぐる問題にはひとまず決着がついたと考えられる。むろん、ジョブセンター改革後も SGBII の下では、認可自治体数は全実施主体の4分の1までと上限が設けられており、この上限の撤廃如何はなお注目される争点ではあるものの、2012年以降はさしあたり実施体制が確定したものと考えられる。
　本章ではこの認可自治体の特性を概観した上で、認可自治体を選択した理由や長期失業者の社会的・労働市場的統合における同モデルの特徴を明らかにしていきたい。

1）　Option Direkt: Newsletter des Deutschen Landkreistages für die zugelassenen kommunalen Träger nach dem SGBII, Nr. 1, Jan. 2010.

表5-1 SGBII実施主体の組織形態

州		2005年末実施機関数				2012年末ジョブセンター数		
		ARGE	分離モデル	認可自治体	同比率(%)	gE	認可自治体	同比率(%)
西部州	Baden-Württemberg	39		5	11.4	33	11	25.0
	Bayern	92		4	4.2	83	10	10.8
	Hessen	12	1	13	50.0	10	16	61.5
	Niedersachsen	33		13	28.3	29	17	37.0
	Nordrhein-Westfalen	41	3	10	18.5	35	18	34.0
	Rheinland-Pfalz	34		2	5.6	26	5	16.1
	Schleswig-Holstein	13		2	13.3	13	2	13.3
	Saarland	5		1	16.7	3	3	50.0
東部州	Brandenburg	13		5	27.8	11	7	38.9
	Mecklenburg-Vorpommern	17		1	5.6	11	2	15.4
	Sachsen-Anhalt	19		5	20.8	8	6	42.9
	Sachsen	23		6	20.7	7	6	46.2
	Thüringen	21		2	8.7	19	4	17.4
都市州	Berlin	1			0.0	12		0.0
	Bremen	2			0.0	2		0.0
	Hamburg	1			0.0	1		0.0
	総計	366	4	69	15.7	303	107	26.1

〈資料〉Statistik der BA（a）およびドイツ郡会議資料より独自集計。
Bremen州は二市で構成される州である。

1．実施組織形態の選択とその変化

　表5-1は、ハルツ改革実施当初とジョブセンター改革後とにおける、実施主体の変遷を州単位で示したものである。BAの統計には改革を挟んで次の点で変更があることに留意が必要である。まず、改革前の実施機関は自治体（郡・郡格市）単位で表されていたのに対し、改革後はジョブセンター単位となっていることである。ベルリンやフランクフルト等の大都市には1自治体内

第5章　認可自治体モデルの選択と実施状況

に複数のジョブセンターが置かれ、これらを統括する形で各都市ひとつのARGE が設けられている。ジョブセンター改革前には ARGE 単位でデータが公表されていたが、改革後はジョブセンター単位となったため、ベルリン市の実施主体は市内12ヶ所のジョブセンターごとにデータが集計されるようになった。他方で郡部においては複数自治体の区域を包括するジョブセンターが置かれる場合もある。

　認可自治体モデルの選択状況を州間で比較してみると、2005年段階では州による選択の偏りが大きかったことがわかる。そもそも認可自治体モデルの導入を強く主張してきたヘッセン州では、2005年段階で州都ヴィースバーデンを含む半数の自治体が認可モデルを選択しており、認可自治体比率は突出していた。西部ではニーダーザクセン州がこれに次ぐ認可自治体比率を示しているが、他州では当初ヘッセン州ほどの熱狂ぶりはみられなかった。ジョブセンター改革後ではノルトライン・ヴェストファーレン州およびザーラント州で認可自治体比率が飛躍的に高まっている。ノルトライン・ヴェストファーレン州では重工業地域として知られたルール地域を抱え、その中で失業率の高い都市であるエッセン、ミュールハイム、ハム等が認可自治体モデルを選択したことが注目される。また、ザーラントは小規模州であるが、郡制度改革（市町村合併）の結果、五つの郡と州都ザールブリュッケンを中心としたひとつの広域連合とに実施主体が再編され、その半数が認可自治体となっている。

　東部では、当初からの認可自治体はベルリン近郊のブランデンブルク州で多く、ジョブセンター改革後にはザクセン州およびザクセン・アンハルト州において認可自治体比率の大幅な上昇がみられる。認可自治体数それ自体は微増にとどまっているが、協同体モデルの数が大幅に減少していることが注目される。これは、東部州を中心とした市町村合併の進展とそれに合わせた実施主体の再編の結果である。東部州では東西統一前の小規模な行政単位からの再編が1990年代に急速に進められてきた[2]。2000年代に入っても、ザクセン州では2004

---

[2]　90年代から2000年代初頭にかけての自治体合併については、森川（2003,2004,2005）参照。

年から2005年にかけて、ザクセン・アンハルト州では2007年に、メクレンブルク・フォアポメルン州では2011年にそれぞれ郡の再編を中心とする大規模な合併が行われている[3]。自治体合併が行われる際、SGBIIの実施形態が自治体間で異なる場合にそれをどう調整するかが当然問われるが、その選択は自治体の議会の決定に委ねられる。例えばザクセン・アンハルト州では合併時に認可自治体モデルを選んだケースが多かった結果、認可自治体に居住する住民の比率は2005年の15％から2011年の35％にまで上昇したとされる[4]。とはいえ、認可自治体数には上限が定められているため、このような選択の結果であっても69を超えることはできなかった。認可自治体の総数がジョブセンター改革前夜には67に減少したが、これは、ザクセン・アンハルト州とザクセン州で認可自治体同士の合併が行われたためである[5]。

なお、分離モデルについていえば、2005年当初では4自治体にとどまっていたものが、2007年から2008年にかけてARGEを解消する自治体が相次ぎ、2008年末では分離モデルは23団体にまで増加していた。この原因は定かではないが、SGBII施行当初の様々な混乱の中で、AAと自治体の協同が妥協点を見出せなかったものと考えられる。ジョブセンター改革においては分離モデルが解消され、gEか認可自治体かのいずれかを選択することとなったが、少なからぬ自治体が認可モデルへの移行を決めている[6]。

2．認可自治体の特徴

次に、認可自治体モデルの選択にはどのような理由があり、あるいはどのような地域事情があるのかを考えてみたい。表5-2は、SGBII施行当初からの

3） Statistisches Bundesamt, Daten aus dem Gemeindeverzeichnis, Gebietsänderungen vom 01.01 bis 31.12 jedes Jahr.（https://www.destatis.de/DE/ZahlenFakten/Laender-Regionen/Regionales/Gemeindeverzeichnis/NamensGrenzAenderung）
4） Haseloff（2012）.
5） Henneke（2012）.
6） 自治体合併や郡の再編・名称変更等のため、分離モデルの実施主体がどのように移行したのかを悉皆的に追跡することは極めて困難であり、ここでは断念する。

表 5-2　実施主体類型による認可自治体モデルの分布

類型	認可自治体 05年～	認可自治体 12年～	2012年ジョブセンター全数	認可自治体比率	類型説明
I		2	12	16.7	西部州で平均的な労働市場状態にあり、1人当たり域内生産額が高く、長期失業者比率が平均以上である都市
II	2	2	16	25.0	西部州で平均以上の労働市場状況にあり、1人当たり域内生産額が高い都市
III		2	21	9.5	ベルリンおよび西部州で平均以下の労働市場状態、長期失業者比率が極めて高く、季節変動が小さい都市
IV	3	4	22	31.8	主に西部州の平均的な労働市場状態の都市
V			15	0.0	主に東部州で労働市場状態が悪く、長期失業者比率が極めて高い都市
VI	3	2	28	17.9	主に西部州の都市近郊で平均以下の労働市場状態で長期失業者比率の高い地域
VII	10	7	55	30.9	東西州の農村地域で、労働市場状態が平均よりやや低い地域
VIII	20	7	64	42.2	西部州農村部で平均的な条件
IX	2	2	63	6.3	西部州農村部で平均以上の労働市場状態、季節変動が大きく長期失業者比率が低い地域
X	11	6	55	30.9	西部州農村部で平均以上の労働市場状態、長期失業者比率が低い地域
XI	12	4	38	42.1	主に東部州農村部で平均以下の労働市場状態、1人当たり生産額が低い地域
XII	3	3	21	28.6	主に東部州農村部で労働市場状態が悪く、1人当たり生産額が低く、長期失業者比率が高い地域
総計	66	41	410	26.1	

〈資料〉Blien u.a.（2011）および Statistik der BA（a）より作成。

認可自治体および2012年から追加された認可自治体のプロフィールを示すため、BA統計上の類型による分布を示したものである。この類型は、連邦・州のワーキンググループ「SGBIIの目標制御、指標およびデータ」の委託を受けて連邦労働研究所が作成したものであり、SGBIIによる失業者の労働市場への統合に関して、地域的な労働市場条件等の相違を踏まえた比較可能性を検討する手段として開発されたものである。[7]

まず、制度当初における認可自治体の選択について検討してみたい。類型 I 〜 V が都市、VI 以降が概ね郡と考えられるが、制度当初からの認可自治体の大半が郡であり、市は少数にとどまっていたことがわかる。しかも、当初からの認可市は、西部州の平均的あるいは平均以上の労働市場状況にあり、高い失業率を抱えて苦戦する都市ではないことがわかる。失業率の高い都市では、SGBII の業務を自治体が単独で担うのは困難であると当初は考えられており、BA の広域的な求人情報を共有しやすい ARGE が選好される傾向にあった。また、SGBII という新たな制度が自治体にどのような財政負担をもたらすのかについて当初は予想がつきにくかったこともあり、敢えてこの選択に踏み切る都市は財政的にも比較的恵まれた都市であったといえる。

　郡については、東西州の間に次のような傾向の相違がみられる。西部州においては、当初からの認可自治体には、平均的な条件の農村部（類型 VIII）や平均以上の労働市場状態の農村部（類型 X）が多く含まれている。これに対して東部州では、平均以下の労働市場状態にあり、1 人当たり生産額が低い農村部（類型 XI）に認可自治体が多く含まれている。また、類型 VII のように、東西州を通じて労働市場状態が平均より低い農村地域でも認可自治体が多いことがわかる。なお農村地域といった場合に、東西統一前からの経緯により、産業・雇用集積が東西州で異なるという事情がある。東部州においては、農村部にも工場立地が比較的多くみられたのだが、これらの工場がドイツ統一後の再編を経て、現在なお十分な雇用を生み出せずにいる状況があり、農村部においても失業率の高い地域がある。こうした東部の農村部ないし郡において、認可自治体モデルを選択した自治体が多いと見て取ることができる。

　なお、市より郡に認可自治体選択の件数が多い背景として、市と郡における次のような行財政構造上の相違を踏まえる必要がある。郡はそこに属する町村からの分担金で財政を賄う共同業務処理団体であるということである。郡は、町村単位では実施が困難と考えられる業務を広域的に担うのであり、それゆえ郡格市とはその行財政上の構造が異なっている。図 5-1 は、郡格市と郡との

7）　Blien u.a.（2011）.

第5章 認可自治体モデルの選択と実施状況

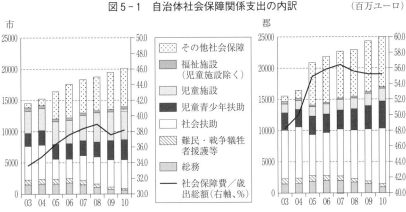

図5-1 自治体社会保障関係支出の内訳　　　（百万ユーロ）

〈資料〉Statistisches Bundesamt(a), 各年度版より作成。

財政支出の構造を比較したものであるが、次のような相違が見て取れよう。まず、歳出全体に占める社会保障関係費の比率（折れ線で示した）が、そもそも郡では半分以上を占めているということである。市でもこの比率は年々高まってきており2009年には38％にも達しているが、郡では55％が社会保障関係業務で占められている。その内訳についてみると、ハルツ改革以前から郡・市ともに大きな比重を占めてきたのが、社会扶助と児童青少年扶助であるが、SGBII施行の2005年以降社会扶助費が減少し、「その他社会保障」が急増していることがわかる。従来の社会扶助受給者のうち可働層に対する生活保障給付が連邦負担に置き換えられた一方で、自治体はSGBII受給者に対する住宅費給付を負担する（一部連邦補助あり）こととなった。従って「その他社会保障」の増加分はこのSGBII受給者への住宅費給付費用と解釈できる。この「その他」増加分は、市・郡とも社会保障費の3分の1程度を占めているが、郡ではより大きいことが見て取れる。また、図からもわかるように、郡では社会扶助費の減少度合が相対的に小さいため、ハルツ改革後の歳出規模が急増している。これは、郡部においては従来の社会扶助受給者の大半が非可働層であり、就労可能な生活困窮者は失業扶助を受給するケースが多かったためである。

以上のことから、制度発足時の認可自治体の選択においては、一方では自ら

の地域の雇用・貧困問題に対して自治体が政策的主導権をもちたいという政治的動機と、他方では自治体がそもそも単独でSGBIIの業務を担うだけの行財政的余力があるか否かの判断とを秤にかけて決断を下したものと考えられる。西部州では行財政的余力のある自治体が自らの戦略として、東部州では深刻化する失業を地域政策課題として最重視した上で、認可自治体を選択したものと考えられる。

　再度前出表5-2に戻り、次に2012年に追加された認可自治体についてみてみよう。まず、西部州の都市（類型Ⅰ～Ⅳ）の全てで認可自治体が追加され、依然東部州の都市ではゼロであるものの、認可都市が大幅に増加したことが目を引く。この中にはノルトライン・ヴェストファーレン州の工業都市エッセン、ゾーリンゲン、ヴッパータール、およびバーデン・ヴュルテンベルク州の州都シュトゥットガルトなどが含まれている。これらの都市は域内生産額が相対的に高い一方、失業率は比較的高い水準にある。郡についてみると、平均ないしそれ以上の労働市場状態にある農村部（類型Ⅷ、Ⅹ）で認可自治体の増加がみられる一方、東西州を通じて労働市場状態が平均よりやや低い農村地域（類型Ⅶ）や、東部州で労働市場状態が悪く、域内生産額も低い農村部（類型Ⅺ、Ⅻ）でも追加認可自治体がみられる。

　概していえば、2012年から新たに認可自治体に移行した団体は、当初の認可自治体に比較すると高い失業率を抱え、自治体の財政状況も必ずしも豊かではないといえる。これらの自治体が、AAと袂を分かつ決断をしたことの背景には、SGBII施行から7年の間のガバナンス上の問題と自らの政策権限を狭められた自治体の不満があったものと推測される。あるいは、労働市場条件が良好でない地域であるからこそ、それぞれの地域の特性・課題に則した雇用政策をとり得る実施形態が選好されたのかもしれない。そこで次に、個別自治体の事例を挙げつつ、各自治体が認可モデルを選択した理由やその実施状況を詳しくみていきたい。

3．2005年当初認可自治体選択の背景

　以下では、認可自治体モデル選択の背景や、同モデルでのSGBII実施の実際の状況について、個別自治体の事例を示しつつ考察を加えていく。以下で取り上げるのは、2005年当初からの認可自治体三団体と、ジョブセンター改革後の2012年より認可自治体となった二団体である。それぞれの自治体のプロフィールは表5-3に示したように多様ではあるが、いずれも直接インタビューを行うことができた自治体に限定されているため、前述の類型の上では偏りがあることは否めないことをお断りしておく。

（1）ヘッセン州マイン・キンツィヒ郡

　マイン・キンツィヒ郡は、人口約70万のフランクフルト市に隣接する、広大な地域を包括する郡であり、40万を超える人口を擁する。強力なリーダーシップをもつ郡長が、かなり早くから自治体単独のモデルを主張してきた経緯がある[8]。フランクフルト近郊といえるベッドタウン地域と広大な農村地域とを含んでおり、表5-3に示されるように、平均以上の労働市場環境にある農村部と特徴づけられているものの、類型平均に比べると受給者比率は高水準にあるといえる。

　同郡では、90年代半ばにAQA（Gemeinnützige Gesellschaft für Arbeit, Qualifizierung und Ausbildung mbH、労働・資格・教育のための公益有限会社）という、郡が100％出資する会社を設立している。この会社は、郡が自前で行う訓練・斡旋機関であり、設立当時まだ職業斡旋が連邦の独占業務であったにもかかわらず、地元企業と連携をとりつつ社会扶助受給者の就労促進事業を行ってきた経緯がある。1400km^{2}もの広大な面積をもつ同郡にあって、AQAは三つの地区にそれぞれ就労センターと全体で5ヶ所の教育訓練所を置くほか、郡外である

8）　以下、2005年8月29日、マイン・キンツィヒ郡郡長、AQA社長、訓練施設指導者等へのインタビューに基づく。

表 5-3 事例自治体のプロフィール

自治体名		Main-Kinzig 郡	Oberhavel 郡	Wiesbaden 市	Münster 市	Offenbach 市
州		Hessen	Brandenburg	Hessen	Nordrhein-Westfalen	Hessen
人口（人）		407,022	202,776	277,493	275,543	118,770
面積（km²）		1,398	1,798	204	303	45
2013年5月現在受給者比率	当該団体	7.2	10.9	13.5	8.3	18.6
	類型平均	4.7	12.7	8.3	8.3	11.6
類型		X	XI	IV	IV	I
類型説明		西部州農村部で労働市場が平均以上、長期失業者比率が低い地域	東部州農村部で労働市場が平均以下、1人当たり生産額が低い地域	西部州の平均的な労働市場状態の都市	西部州の平均的な労働市場状態の都市	西部州の平均的な労働市場状態で1人当たり域内生産額が高く、長期失業者比率が平均以上である都市

〈注〉受給者比率は、SGBII受給世帯構成員数／65歳未満人口（％）。類型はBlien u.a.（2011）参照。
〈資料〉人口・面積はDeutscher Landkreistag（2011）、受給者比率はStatistik der BA（a）をもとに作成。

フランクフルト市にも斡旋事務所を置いている。

　ハルツ改革施行とともに同郡が認可自治体モデルを選択したため、AQAは受給申請の窓口業務や申請者のアセスメント、ケースマネジメントをも含めたSGBII業務の実質的担い手となった。施行当初、AQAは1.2万人の失業者を支援することとなったが、その半数が失業扶助受給者であった。施行から約半年間でAQAは2200人を職業生活に結びつけたが、その内訳は第一労働市場への統合が約550、資格づけや職業教育・訓練が約700、公益的雇用が約950とのことである。職業訓練所は約500人近い職業訓練定員をもち、木工・金工・はんだ付け等の製造業向け技能、フォークリフト等の重機の運転免許、建築技術、上下水道・暖房等設備の修理、家電リサイクル、商業サービス等、多様な訓練・資格づけを行っている。これらの専門技能技術にかかるマイスターやケースマネジャーが配置され、個々人のアセスメントに則したプログラムを提供してい

る。また、依存症ケース、学校中退者、移民、ホームレス等、直ちに就職を斡旋することが困難なケースに対しては、導入訓練部門を置き、各種の対人ケアを行って斡旋阻害要因の解決を図りつつ、就労の習慣づけを行っている。

　このAQAのような自治体出資企業は決して珍しいものではなく、ドイツでは連邦社会扶助法時代の就労扶助を担う機関として多くの自治体で設立され、一般に「雇用公社Beschäftigungsgesellschaft」と呼ばれてきた。こうした雇用公社はハルツ改革後、ARGEにおいては、自治体とAAとの協定によって引き続き業務委託を優先的に割り振るという位置づけを与えたところもあるが、徐々にこうした特権的な地位を失い、自治体財政難の下で存続の危機に直面している所も多い。これに対して認可自治体では雇用公社の機能はハルツ改革後にむしろ強化される傾向がみられ、例えば2005年時点では認可自治体の3分の1は給付業務の一部をこのような公社に委託していたといわれる。[9]

　SGBIIの実施体制を選択するにあたって、こうした雇用公社の活動実績の如何が大きな影響を及ぼしたことは想像に難くない。同郡はその成功要因として次の三点を挙げている。第一に、AQAの設立により、職業斡旋や教育訓練まで就労支援に関わる業務を「一つの手から」提供し得てきたこと、第二に個々の対象者の状況に則した支援計画を作っていること、第三に郡内の1200の企業とパートナーシップを結び、職業訓練の場や雇用の提供を得ていること、である。同郡が認可自治体モデルを選択した理由は、AAの手を借りずにこれらの実績を作ってきたという強い自信に基づくものと思われる。

　もうひとつ、同郡が認可自治体モデルを選択した背景として推測できることは、大都市フランクフルト市に隣接しているという有利性である。同郡はフランクフルト市内に斡旋事務所を置き、同市の雇用の活用をも図っている。このことはAAの地域管轄からすれば許しがたいことではあるが、自治体であるということを盾にこうした手段を講じ得ているとのことである。

9） Kaps (2012).

(2) ブランデンブルク州オーバーハーフェル郡

　オーバーハーフェル郡はベルリン市の北に隣接する郡である。マイン・キンツィヒ郡以上に広大な面積をもつが、ベルリン近郊の工業地帯と北部の農村地域という異なる性格の地域を包摂する郡である[10]。郡南部はベルリン近郊という地の利ゆえか、製薬会社、航空関係、化学関係の企業が多く立地し、東部州の中でも経済力の強い地域となっており、ベルリンへの通勤者を含めて人口は増加している。また、マイン・キンツィヒ郡のように隣接都市に事務所を置くことまではしていないが、ベルリンの職場を斡旋することもあるとのことである。他方で広大な面積をもつ同郡内での域内格差が大きく、郡南部での失業率が15％である時に北部では25％にも達していたという。

　同郡には、前述マイン・キンツィヒ郡にみられたような雇用公社はない。旧連邦社会扶助法の下で西部州の自治体が就労扶助の担い手として雇用公社を立ち上げていた頃、東部州ではなお旧国営企業の解体・再編と民間企業の誘致に力を割いていたという事情がある。オーバーハーフェル郡は、雇用公社を創設する代わりに、同地域に進出した企業への人材提供をめざして、民間の職業訓練会社 TÜV (Techinischer Überwachungs Verein) を活用している。同社は機械検査会社であったが、現在は職業訓練、再教育、資格取得等の部門を展開させ、SGBIIばかりでなくSGBIIIや欧州基金に基づく職業訓練プログラム等も受託している。

　認可自治体モデル選択の理由として、同郡は次の四つを挙げている。第一に、同地域の固有の失業問題に対して同郡ならではの戦略をとりたいという、政策上の主導権に関する動機である。同郡における最も大きな課題は、25歳未満の失業者で、職業教育や職業訓練の経験がない人々のエンプロイアビリティを高めることによって労働市場に統合することであった。こうした戦略もあって、同郡は前述の職業訓練会社への委託を含む、職業訓練の重点化を決めたのである。このように、地域固有の政策課題に則して自ら方針を決定できること

---

10) 以下、2005年9月7日、オーバーハーフェル郡郡長、保健福祉担当助役、SGBII担当者等へのインタビューに基づく。

が認可自治体の最大の利点であるとされる。第二には郡が並行して担うところの、児童青少年扶助、社会扶助、保健医療サービス等との連携をとりやすいということである。例えば長期失業者の就職を阻害する要因が、保育所の空きがない、運転免許をもっていない、というようなことである場合、それをよりよく解決できるのは自治体のレベルである。第三に、AAとの協同モデルは、そもそも責任の所在を曖昧にする仕組みとして疑問があるということである。同郡は過去にAAとの連携を試みた経緯があるが、その際AAの総責任がニュルンベルク（BAの所在地）にあり、現場の政策運営に関する意思決定に迅速性を欠いたという経験をもつ。この経験もまた、認可自治体モデル選択に影響した要素のひとつであろう。

（3）ヘッセン州ヴィースバーデン市

ヴィースバーデンはSGBII施行時から認可モデルを選択した西部州の数少ない都市のひとつであり、ヘッセン州の州都である。表5-3に示したように受給率は同類型平均に比較してかなり高水準にある。市当局者によれば、SGBII受給者は65歳未満人口の14％、15歳未満人口の24％に達し、貧困率も高くなっているとのことである。受給者は語学訓練、継続教育、1ユーロジョブ、企業の賃金補助、創業支援などの複数の統合措置を併せて受けるケースが多いという[11]。このことは、「労働市場から遠い」受給者が相対的に多い状況を推測させる。

同市が認可モデルを選択した理由として挙げるのは、自治体が担う多様な政策分野と関連づけての実施が容易であるということ、および自治体が雇用促進政策に関してすでに長い経験を積んできていることである。市行政の他分野との連携という点では、特に社会労働局の組織が重要な意味をもつ。同市のジョブセンターは市社会労働局の下に置かれているが、同局内にはその他に児童青少年扶助、住宅扶助、社会扶助、障がい者扶助、高齢者扶助等、社会法典の他編を所管する部署が並置されている。これによって、ジョブセンターが受給者

11）2010年9月24日、ヴィースバーデン市社会労働局でのインタビューに基づく。

への対人ケアを行う際に、これらの部署と横断的に連携して対応することが可能となっている。さらに、社会保障分野内での連携のみでなく、産業振興、雇用政策、都市開発、住宅政策等の政策資源をも関連づけることによって、条件不利者、特に若者とその家族に対する総合的で手厚いプログラムを準備でき、また貧困予防的な施策の展開も可能になるとのことである。また、行政資源の横断的活用にとどまらず、地域諸団体との連携の意義も大きいとする。認可自治体においては、条件不利者の問題の分析と支援において地域の福祉団体・市民団体等と連携することができ、また、雇用や資格づけ・訓練の場の開拓については地元経済界との密接な連携をとることができる。

　また、これらの理由に加え、過去におけるAAとの連携経験に「懲りた」面も窺われる。同市は、ハルツ改革以前に行われた、モデルプロジェクトMoZArTを実施した28団体のひとつだった。第１章で述べたように、このプロジェクトは2001年から2003年に、自治体福祉事務所とAAの協働の様々なパターンを試みたもので、ヴィースバーデン市のモデルケースは、資格付けや職業教育にかかるAAの斡旋資源を社会扶助受給者のターゲットグループに投入するものだった。しかし結果的に両者の協働関係は部分的なものにとどまり、同市のプロジェクトが大きな成果をもたらしたとは言い難い[12]。MoZArTを実施した28自治体の中で、ハルツ改革当初から認可自治体を選択したのは、ヴィースバーデン市の他にはマールブルク市（マールブルク・ビーネンコップ郡）のみであるが[13]、そもそも労働局と自治体の連携について前向きな自治体を集めてのモデルプロジェクトであっただけに、この選択の理由が注目される。

　MoZArT報告書では、上記二自治体のいずれとは明記されていないが、自治体側担当者へのインタビューに基づき、自治体の自立性喪失への懸念があることを指摘している[14]。モデルプロジェクトでの具体的な協働の経験が積極的なものであったとしても、自治体は、その利害に関わる権限や決定・運用可能性

---

12) BMWA (2004), S.187-188.
13) ジョブセンター改革後には、ゲッティンゲン、エッセン、マイエンの三自治体が認可モデルに移行している。
14) BMWA (2004), S.197-198.

第5章　認可自治体モデルの選択と実施状況

が連邦労働エージェンシーのヒエラルヒーによって制約されるという懸念を強く抱いている。またエージェンシーの組織改革を通じて分権化が進められているものの、AAの職員は依然連邦エージェンシーからの指示に縛られているとの批判もあり、組織分権化について自治体側は懐疑的に捉えているようである。また、対等なパートナーシップの実現可能性について、自治体の担当者は決定権限をAAに委任するのは不可避であると考えているとのことである。

（4）　小括──改革当初からの認可自治体モデル選択の背景

以上の事例を振り返り、ハルツ改革当初における認可自治体モデル選択の背景や動機をまとめておきたい。

まず、改革当初に認可自治体モデルを選択することへのハードルが、かなり高かったことは想像に難くない。自治体からすれば、従来の社会扶助受給者に加え、新たに失業扶助受給者も自治体の就労・社会生活支援施策の対象となる。各種支援措置に必要な財源は保障されるのか、またそれに必要な人材は確保できるのかは楽観視できない状況にあった。従って、上記の事例においてこの選択をし得た背景には次の条件があったものと考えられる。

第一に、社会扶助制度の下で取り組まれた就労扶助の経験と、その実施主体としての自治体雇用公社の存在がある。これらの経験を踏まえて、対象者の増加に対応しうるという自信をもった自治体がまずこのモデルを選択したと考えられる。オーバーハーフェル郡のように雇用公社をもたない自治体の場合は、大都市近郊という地理的有利性や企業立地の可能性によって雇用確保の見通しがある場合であろう。

第二に、前期のような労働市場の優位性をもたない自治体の場合は、AAとの協同によって自治体の政策的な自治が失われることへの懸念が大きな動機づけとなっていた可能性もある。ARGEにおける自治体とAAの協同といっても、BAからのコントローリングの下に置かれるAA職員が過半数の状況では自治体の主導性は発揮されない。社会扶助制度の下で、児童青少年扶助等他の社会保障分野や都市計画・住宅政策や商工政策との連携をとりつつ就労扶助を進めてきた自治体側と、労働行政の側にたつAAとの文化的相違もある。就

労扶助の経験を踏まえて地域雇用政策に力を発揮しようと考える自治体にとって、BA-AA に政策的主導を握られる ARGE には消極的であったものと考えられる。

　第三に、上記のような背景や動機があったとしても、自治体が単独で認可自治体モデルを選択することに躊躇いはあっただろう。その際に、州や自治体全国団体の支援があれば、この選択の後押しになったものと思われる。認可自治体モデルの導入を強く主張したヘッセン州の自治体、また同様に同モデルを推奨する郡会議に加盟する郡において認可自治体の選択が多いことにはそうした背景があろう。

　また他方で、制度発足時点での認可自治体モデル選択には大きな不安要素があった。結果的に認可自治体モデルを選択したオストフォアポメルン郡の郡長によれば、BA から電算システムや斡旋手段の利用に関する不利益を仄めかされる等の圧力が働いたほか、ただでさえ自治体には数多くの新たな業務負担が押し寄せ、給付に必要な財源が連邦からきちんと交付されるのかどうかについてもその法的基盤がなお不確実であり、不安があったという[15]。

4．ARGE から認可自治体への移行事例

　前述のように、2011年より認可自治体モデルは恒久化され、2012年には認可自治数上限が69から108に引き上げられた。以下では新たに認可自治体へと移行した二つの自治体でのインタビューをもとに、移行の背景や理由をみていきたい。

（1）ノルトライン・ヴェストファーレン州ミュンスター市

　ミュンスター市は、ノルトライン・ヴェストファーレン州の州都である。追加認可自治体の中にはこの他にもバーデン・ヴュルテンベルク州の州都シュトゥットガルトが名を連ねているが、この点からみても認可自治体が政治的に

---

15) Syrbe, Barbara, Kommunale Sozial-und Beschäftigungspolitik aus einem Guss. In: Wallerath (2006), S.98.

も広く支持されるモデルとなっていることが窺える。前出表5-3によれば、ミュンスターはヴィースバーデンと同類型に区分され、西部州の平均的な労働市場の都市とされているが、ヴィースバーデンほど受給者比率は高くはない。

さて、同市の市議会は2010年9月に、認可の要件とされる3分の2以上の賛成をもって認可自治体モデルへの移行を議決した[16]。行政当局はこの選択を、都市の将来にとっての戦略的意義をもつものとして提案しており、選択の背景を次のように説明している。

自治体にとっての雇用政策は、福祉、児童青少年・家族、教育等の他の政策分野にとっても重要な意味をもつ。より多くのSGBII受給者が雇用に就ければ、高齢者の貧困はより少なくなるし、失業している親の子どもにおいて貧困率が高いことを考えれば、子どもの貧困の解決にも関わる。また、労働市場から遠い受給者は多くの斡旋阻害要因を抱え、容易には労働市場に統合されない傾向があるが、彼らには、動機づけ、安定化、社会的支援といった援助が必要である。自治体がもつ福祉サービス分野の資源はこうした援助に大きく資するのであり、まさにこの点に認可自治体モデルの意義がある。ARGEないしgEにおいては自治体が職業斡旋において果たす影響力が減退しているのに対し、認可自治体モデルではこの分野に対する自治体の政策責任はますます大きくなってきている。これまで十分に活用されてこなかった地域的な潜在能力、個別ケースに対する社会的な支援、自治体のパートナーやネットワークを活用した斡旋の活性化が、認可自治体モデルにおいて発揮されることになる。

また、同市が強調するのは、直ちに第一労働市場には統合困難な長期失業者に対する、福祉的な手段と労働市場的な手段との組み合わせ方である[17]。BAが設定するモデルでは受給者の労働市場への統合と斡旋阻害要因への対応を並行して行うことが想定されており、このことが受給者への過大な負担をもたらし、結果的に統合を困難化させているという。市は、社会教育学的な専門性をもった職員を重点的に配置し、対人的なケアを通じて長期失業者の社会的適応

---

16) Stadt Münster,Niederschrift über die 9.Sitzung des Rates am Mittwoch,29.09.2010, Vorlagen-Nr.V/0623/2010.

能力の向上を図ることを重視している。前述のように、同市における SGBII 受給率は決して高いわけではないが、ほとんど横ばい状態であり、景気の改善と共に低下する構造を示していない。すなわち、労働市場への統合に不利性を抱える長期失業者の滞留が問題であって、拙速な斡旋でなく手厚い対人ケアが求められると市は考えているのである。またこうした戦略をとるためにも、BA から独立した組織である必要があったとも考えられる。

さて、gE を解消して認可自治体へ移行するにあたり、市は多くの移行業務に着手することとなった。主な業務として、第一に BA の電算システムから新たな IT システムへの移行である。BA-AA の電算システムの互換性の悪さは従来からの認可自治体からも指摘されていた。同市は互換性の高いシステムを導入し、市が実施する社会扶助・児童青少年扶助等自治体の福祉サービス系統の電算システムとの互換性を確保しつつ、州や BA への労働市場政策系統のデータ送付をも容易化させる必要があったのである。また同時に gE が管理してきた顧客データを、手入力を含め新システムに移行させる作業も必要となった。

第二には人事管理システムの移行である。gE には自治体職員と BA 職員とが同居していたわけであるが、BA 職員の少なくとも90％は自治体雇用に切り替えることが義務づけられた。概して BA 職員の方が給与等の労働条件が高い傾向があるが、職員を自治体との労働協約に移管させるにあたり、給与の移行措置をとりつつ雇用体系の統一を図っていかねばならない。また、BA 職員は一般行政ないし労働行政の専門性に偏っているが、市としては社会教育学的な専門性をもつ職員の比重を順次高めていきたいとのことである。

その他にも、新たなジョブセンターのためのインフラ整備や内部的外部的な様々な移行業務が必要である。市は移行にかかる経費を約100万ユーロと見積もったが、このうち80万ユーロは連邦から措置されるとのことであった。

---

17) 以下は2011年9月5日、ジョブセンター・ミュンスターにて副所長等へのインタビューに基づく。

（2） ヘッセン州オッフェンバッハ市

　オッフェンバッハ市はフランクフルト市近郊にある人口11.8万の都市である。機械、電子、化学等の企業が立地しているが、1980年代以降にこれら製造業の業績が悪化するとともに雇用情勢が悪化し、[18]前出表5-3に示したようにかなり高い失業率・受給者比率を抱えている。同市はSGBII導入以前よりEUレベルのネットワークに参加しており、同市のジョブセンターにあたるマイン・アルバイトMain Arbeitの所長シュルツェ・ベーイングSchulze-Böing氏は、EUの地域雇用戦略に関する委員会にも参加してきた。ハルツ改革当初にARGEを選択したのは、認可自治体モデルを推進する州首相との政治的対立という全くの政治的理由からであり、市はARGEの中でも自治体の発言力を維持強化すべく努めてきたという。従って認可自治体への移行にはほとんど抵抗がなく、市議会は全会一致で移行を決定したとのことであった。

　認可自治体への移行の最大の理由として、同氏は集権的なコントローリングを貫徹させたいBAとのコンフリクトが大きかったことを挙げた。受給者に対する統合給付の種類や個別的金銭給付のあり方に関して、地域の実情やニーズに則した柔軟な対応を行いたい自治体と、地域間の公平性や標準化を確保するために集権的にならざるを得ないBAとの間にしばしば軋轢が生じていたとのことである。

　なおオッフェンバッハ市でのインタビューは、認可自治体移行後半年の時点であったため、移行後の感想を交えて話を聞くことができた。その中で興味深く思われたのは以下の二点である。

　第一には予算執行における自主性発揮の余地である。BAは全てのジョブセンターに対して、受給世帯数に応じて管理予算を配分するが、この管理予算の使途に関して認可自治体の方が自由度は高いという。配分ルールはgEも認可自治体も同一であるにせよ、例えば配分された管理予算をサービスの購入に充当する際、gEではBAが提供するサービスから優先的に購入することを求め

18） 以下は、2012年9月21日、オッフェンバッハ市Main Arbeit所長へのインタビューに基づく。

られる。この点、認可自治体は地域の企業や非営利団体等からの購入を含め、柔軟な対応ができるとのことである。

　第二に職員の所属変更についてである。前述ミュンスター市では移行前のインタビューであり、BA 職員の所属移管に関しては未知数であったが、オッフェンバッハ市では結局のところ、BA 内での数名の異動を除いてほとんどの BA 職員が同市の職員身分に移行したとのことである。

　また、同市では移民的背景をもつ住民の比率が高く、SGBII 受給者の70％が移民的背景をもつ。それゆえに、ドイツ語の習得や文化的な統合、資格づけ、職業教育を実施していく上での文化的障壁が大きく、社会教育的な意味でのインテンシブなケアが求められる。ベーイング氏は著書の中で図5-2のような概念図を描いているが、労働市場において不利性を抱える長期失業者にとっては、自治体がもつ社会福祉分野から都市計画分野までの行政資源と、地域の多様なアクターを結びつけたプログラム提供が求められるということを示している。こうしたローカルな資源を動員した雇用政策は、連邦政府レベルではなく、自治体だからこそ可能となるのである。

　なお、自治体における運用の自由度を重視するものの、同氏は全国的な電算システムのネットワーク化による労働統合統計の整備と全国的な比較可能性の向上については評価している。各ジョブセンターがローカルに取り組む一方で、こうした情報共有によって可視化と競争要因を取り入れ、改善への圧力を加えることを同氏はむしろ積極的に捉えている。

5．認可自治体モデル選択の意義

　前出ベーイング氏によれば、EU あるいは OECD の政策研究において、労働市場政策のローカリゼーションは注目されて久しく、地方政府でも能力と権限があれば労働市場政策を実施できるとされるようになっているとのことである。しかし、ドイツでは SGBII の実施主体に認可自治体が認められたからといって、全ての自治体がそれを担えるわけではないとも氏は述べている。

　つまり、認可モデル選択の背景には、ARGE における AA との協同の失敗

第5章　認可自治体モデルの選択と実施状況

図5-2　自治体の業務分野と雇用促進のインターフェース

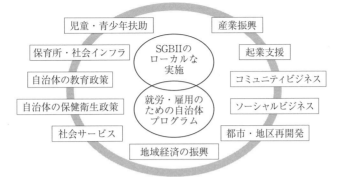

〈資料〉Schulze-Böing(2010), S.127.

や、BAからの集権的なコントローリングの問題、二元的な職員人事管理の弊害等が挙げられるものの、要は自治体が長期失業者に対する支援を自治体政策の枠組みで引き受ける用意と能力があるかどうかが重要な要素である。この「用意と能力」は、特に次の点に関して求められる。第一に、斡旋阻害要因や労働市場での不利な条件を抱える長期失業者への支援には、性急な就労斡旋よりも対人ケアが必要であるが、その際に必要となる各種施策や行政資源を動員できるかどうかということである。図5-2に示されるように、例えばシングルマザーの就労を可能にするための保育所の提供、負債や精神疾患を抱える受給者に対する相談支援事業、ホームレスへの住宅提供、まちづくりを通じた人々の社会的包摂など、自治体が実施する様々な公的サービスを駆使することが求められるが、行政の内部で分野横断的な連携がどれだけ密になされうるかがカギとなる。第二に、自治体が地域の諸団体や経済界との連携によって、ローカルな雇用を創出するということである。例えば地域の雇用者団体との連携を通じて職業訓練の場を創出する、依存症や家庭問題を抱える受給者を支援する自助グループや非営利団体を通じて社会生活自立に向けたサービスを提供するというような、地域内のネットワークを築けているかどうかがもうひとつのカギといえる。

ところで、認可自治体は長期失業者の社会的・職業的自立に関してどの程度

図 5-3　SGBII 受給者比率の推移　　（％）

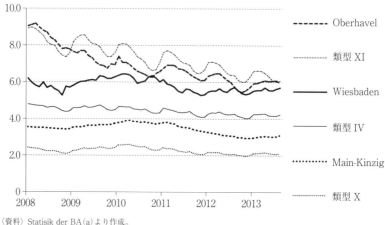

〈資料〉Statisik der BA（a）より作成。

実績を挙げ得ているのだろうか。第 3 章で論じたように、ARGE と認可自治体との間のパフォーマンスをめぐる連邦政府による比較調査研究では、ARGE の方が斡旋指向的であり、長期失業者の労働市場への統合の成果が高いことを匂わせている。では実際のところ、認可自治体において、SGBII 受給者の職業生活への統合はどのように効果を挙げているのだろうか。

図 5-3 は、3．で取り上げた三つの当初認可自治体における、SGBII 受給者比率の推移を、類型平均と比較したものである。受給者比率は、稼働年齢人口に占める SGBII 受給の失業者の割合を示している。類型は前出表 5-2 および表 5-3 で用いたものであるが、それぞれの自治体における受給者比率は、類型平均とほぼパラレルに推移していることがわかる。なお、2008 年から 2009 年にかけての金融危機（日本でいうリーマンショック）時のドイツでは、操業短縮手当 Kurzarbeitsgeld を大幅に拡充することによって失業率上昇を食い止めた経緯がある。SGBII 失業は 1 年以上の長期失業であるため、金融危機の影響は間接的ではあるが、この図でも当該時期の失業率上昇は観察されない。

より詳しくみると、オーバーハーフェル郡では類型平均同様、季節変動が大きいものの受給者比率は低下傾向を示していることが分かる。類型 XI と同

様、東部州の農村部を多く含む類型 XII や、東部州の都市部を含む類型 V でもこの間受給者比率の低下がみられ、ドイツの労働市場情勢の改善が東部州にも着実に及んでいることが観察される。なお若干ではあるが、オーバーハーフェル郡の受給者比率は類型平均を下回るようになってきている。マイン・キンツィヒ郡は類型平均より高い受給者比率で推移しているが、2011年以降は平均との差を縮めている傾向がみられる。ヴィースバーデンもまた、類型より1～2ポイント高い受給者比率で推移しており、2009年から2011年にかけて悪化したものの、その後低下から横ばいに転じている。ここは類型平均と概ねパラレルの推移といえる。

　こうしてみると、認可自治体のパフォーマンスは、各類型平均と比較して格段に良いというわけではないものの、決して見劣りするものではないことがわかる。受給者比率だけでは長期失業者の社会生活・職業生活への統合に成功しているか否かは断定できないが、少なくとも長期失業者の累積を食い止める点では ARGE ないし gE モデルに比べて遜色は無いといってよいだろう。

小　括

　以上の分析を踏まえ、認可自治体モデルを選択した自治体の選択理由と当該モデルの特徴をまとめておきたい。

　まず、制度発足時点での認可自治体モデル選択は、このモデルが自治体にもたらしうる財政的・人的負担が未知数であったこともあり、特に失業率の高い都市部では消極的であった。郡部では、従来の社会扶助が郡事務の多くを占めており、この業務の主導権を BA-AA に奪われることを懸念した自治体が、ドイツ郡会議の推進方針もあって積極的にこのモデルに手を挙げた。他方で、相対的に失業扶助受給者が多く、そこから SGBII 受給へと移行する失業者が多いと見込まれた東部州においてもこのモデルを選択した自治体が多かったことは特筆に値する。

　2012年度からの認可モデル拡張に際して移行を決めた自治体のなかに、地域経済構造上の問題を抱える西部州の都市が多く含まれていたことも興味深い。

これは、制度発足当初の都市財政上の負担への不安が払拭されたことや、ARGEないしgEにおけるAAとの協同に不満を抱いた自治体が多かったことの表れであろう。
　いずれのケースにおいても、認可自治体モデルの利点として挙げられるのは以下のような点である。第一に、自治体がもつ多様な行政資源、特に旧社会扶助の時代を通じて培われた、労働市場において不利性を抱える人々への支援に関わる経験やネットワークを直接に活用できるということである。このことは斡旋指向的なBA-AAの労働行政とは時として対立しがちな側面をもつ。それゆえに第二に、ARGEないしgEにおける自治体とAAとの協同は長期失業者への統合のあり方に関して軋轢を孕みがちであったということである。2012年の認可自治体拡張に際して、上限を上回る自治体が応募するという状況に至った背景には、このような事情があったものと考えられる。

第6章

費用負担をめぐる連邦・自治体間関係

はじめに

　ハルツ改革は、長期失業者に対する重複性のある二つの給付、失業扶助と社会扶助とを統合することを通じて、長期失業者に対する「ひとつの手からの支援」を実現することを主な目的とした。しかし同時に、長期失業者・生活困窮者に対する給付にかかる、連邦・自治体を通じた財政負担を軽減することをも目的としていた。第1章で述べたように、ハルツ委員会と並行して設置された市町村財政改革委員会は、自治体の財政状況の悪化に鑑みて、一方で営業税の課税ベース拡張による自治体の財源確保策を検討し、他方では社会扶助費負担の軽減策としての失業扶助・社会扶助統合案を検討したものの、前者に関しては合意に至らず後者に関してのみ結論を出すに至った。つまり、市町村財政改革委員会の最終答申としては、失業扶助と社会扶助の統合が自治体財政の窮状を救う唯一の道ということになってしまったのである。従って、ハルツ改革を通じて自治体の負担軽減という課題がどの程度達成されたのかということも、この改革の成否を問う際のひとつの評価軸といえる。

　本章ではまず、SGBIIをめぐる費用負担関係を改めて整理した上で、そこに盛り込まれた自治体財政負担軽減の仕組みと、その後の推移を見ていく。さらに、ジョブセンターや自治体の財政データをもとに、果たしてこの目的が達成されたのかどうかを検証していく。

　なお、2009年の基本法改正（第二次連邦制改革）によって、厳格な財政規律が

盛り込まれた[1]。それによれば、連邦新規債務にGDPの0.35％という上限が定められ（第115条）、同条が発効する2016年をめざして財政安定化に取り組むものとされた。2009年時点の連邦新規債務はGDPの0.52％であったが、世界金融危機時の財政出動もあり2010年には1.89％に達していた。2012年に新規債務対GDP比を0.34％に抑えるに至るまで、この時期の連邦財政は厳しい歳出削減策をとったのである。連邦政府の歳出削減がジョブセンターひいては自治体財政にどのような影響を及ぼしていたのかにも注目する必要がある。

1．SGBIIにおける連邦と自治体の財政負担関係

（1）　費用負担関係の全体像

　SGBIIの給付については第2章でも述べたが、ここではその財政負担のあり方を検証するために、改めてその給付体系を整理しておきたい。まず、受給者に対する金銭給付（消極的給付とも呼ばれる）は次のものからなっている[2]。①求職者に対する失業手当IIおよびその被扶養世帯構成員に対する社会手当（第19条）。さらに特例的ないし一時的な給付（第24条）や、2011年以降はこれに加えて子どもに対する教育・参加パッケージ（第28条）も生活保障給付の一環に位置づけられる。②医療・介護保険等の社会保険料（第26条）、③住宅暖房費給付（第22条）、である。また、積極的給付と呼ばれるサービス給付には、④求職者の労働市場への統合に向けた各種サービス給付（統合給付）や、⑤債務や依存症等の斡旋阻害要因をもつ求職者に対する自治体統合給付がある。これらの給付にかかる費用に加えて、⑥人件費を含む事務的な経費も発生する。これらの費用は、連邦とジョブセンター（gEおよび認可自治体）との間でどのように負担されるのだろうか。

　SGBIIは、連邦と実施主体の間の費用負担関係を次のように定めている。まず、連邦はBAが給付した限りで、事務費を含む求職者基礎保障の費用を負担

1） Gesetz zur Änderung des Grundgesetzes vom 29.07.2009, BGBl. I, S. 2248.
2） 以下は原則として2015年9月現在のSGBIIの条文による。

することとされている。求職者基礎保障の費用とはつまり、純粋な自治体業務である⑤を除く、①～⑥の全ての費用を意味する。ただし、④統合給付と⑥事務費とは一体の予算として包括化され（第46条第1項）、その84.8％（2011年以降）を連邦が負担する（同第3項）。また、③住宅暖房費の給付はそもそも自治体の事務となっているが、その一部を連邦が負担することになっている。残る①②については、受給者の請求権に基づく給付を全て連邦が負担する。

さて、上記の費用負担関係において、連邦とジョブセンターないし自治体の間に紛争が生ずる余地があるのは、④統合給付および⑥事務費、そして③住宅暖房費である。①の生活保障給付は各ジョブセンターが支出した給付を連邦が全て負担するものであり、異なる行政主体の間で負担関係が錯綜する余地がない。また、②受給者の社会保険料は、連邦から保険金庫に直接納付されるため、これについても負担関係が錯綜しない。さらに、⑤自治体統合給付はそもそも自治体が一般施策として自らの業務として実施しているものであり、その費用も全て自治体が担うものであるため、これについても負担関係が錯綜する余地はない。

これに対して、④求職者に対する各種支援サービスにかかる経費である統合給付、および⑥人件費を含む事務費は、包括的な予算制度と連邦負担率の設定とによって、自治体の側に負担を伴うものである。また、③住宅暖房費は自治体と連邦との混合財源であるために、さらに両者の間に軋轢を生みやすい。そこで次項では、この統合給付および事務費をめぐる費用負担関係とそれをめぐる問題点について触れ、次節において住宅暖房費をめぐる負担関係について論ずることとする。

（2） 人件費と職員配置

前述のように、統合給付および事務費についても連邦が負担するものとされているが、他の現金給付と異なり、両者は一体的な予算で算定され、包括化もありうるとされている（第46条第1項）。なお、2011年の手法改革に関わる法改正で、ジョブセンターの事務費総額に対する連邦の負担割合は84.8％と定められた。[3] この事務費総額の算出方法については、連邦参議院の同意に基づく法令

に従うものとされている。

　運用上は、統合給付に関しては統合予算、人件費を含む事務費に関しては事務予算として連邦から各ジョブセンターに配分されるが、両者の間での流用は可能となっている。つまり、各実施主体は一定額の予算の枠内で自由な企画の下に各種統合措置を実施し、職員を雇用するのである。このような仕組みの中で、ジョブセンターは一定の裁量をもって職員を配置し、様々な統合措置を求職者に提供するのであるが、その裁量の範囲をめぐってしばしば問題が生じうる。

　まず職員人件費について。ジョブセンターの職員の人件費が事務予算から支出される仕組みは実施主体がgEの場合でも認可自治体の場合でも同様である。また、統合予算と事務予算が相互に流用可能であることから、職員配置の増減に関する裁量もジョブセンターにあるということになる。例えば職員を増やしてインテンシブなケアを行うか、職員を減らして外部からのサービス購入に重きを置くかという選択は、ジョブセンターの裁量内である。むろん連邦政府がおおよその目安として定める職員配置基準はある。25歳未満の受給者に対して75：1、25歳以上に対して150：1という職員配置基準に基づいて人件費の算定が行われ、事務予算の配分に反映される。しかしこの数字はあくまでも予算算定上の目安であり、実際にどのように職員を配置するかはジョブセンターが決定できる。[4]

　ただし、人件費が保障されるとしても、その雇用をどのように行うのかという問題は残る。gEにおいてはAA職員（BA雇用）と自治体職員とが混在しており、ジョブセンターに職員の空きポストが出た場合、BAから職員を派遣するか、自治体職員で埋めるかは、ジョブセンターの意思決定機関である実施者総会の議決事項であり、つまるところAA側と自治体側の協議による。しかし、前述の2011年からの改正によって事務予算に対する連邦の負担割合が84.8％と定められたことにより、AAと自治体との職員拠出比率もこれに従うと捉え、ジョブセンターから職員を引き上げる自治体も現れた。連邦労働社会

3） Ab dem 01.01.2011 geltenden Fassung durch Artikel 1 G.v.03.08.2010 BGBl.I,S.1112.
4） 2012年9月、連邦労働社会省SGBII担当職員へのインタビューによる。

省は、これは自治体側の誤解によるものと説明している。事務費総額に対する自治体負担比率15.2%を上回って自治体職員をgEに派遣したとしても、超過分の人件費は連邦負担になる。この職員は、求職者に対する斡旋業務のみでなく、子どもの教育・参加パッケージに関わる業務や、住宅暖房費給付に関連する業務に従事しても問題はないとされ、実際こういう形で負担軽減を図っている自治体もあるとされている。このような誤解はそもそも認可自治体では生じえない。というのも認可自治体では全ての職員が自治体職員であり、gEのようにAAと自治体の職員が混在することはあり得ないからである。2012年に新たに認可自治体に移行したジョブセンターにあっては、職員の身分はBAから自治体に移されており、その上でgEと同様に事務費総額の84.8%は連邦が負担するわけである。

gE内で上記のような自治体の誤解が生じ、ジョブセンターからの自治体職員引き上げが行われたという出来事は、むしろgE内での意思疎通の不十分性やAAと自治体の間の相互不信を象徴しているものと考えられる。あるいはgEにおける受給者支援の重点が第一労働市場への迅速な統合に置かれれば、ソーシャルワーク的な専門性をもつ自治体職員よりも、労働行政の専門性をもつBA職員をより多く配置する方が適切との判断が働いた可能性もある。

（3） 統合予算の使途

他方、統合予算においてしばしば問題となるのは、ジョブセンターがどれだけ自由度をもって執行できるかということである。この点をめぐって、連邦と自治体の間、特に認可自治体との間にしばしば軋轢が生じている。

連邦労働社会省は2006年にSGBIIに関する省内調査チームを設置し、認可

---

5) 2011年9月、連邦労働社会省SGBII担当職員へのインタビューによる。
6) 2012年9月、連邦労働社会省SGBII担当職員へのインタビューによる。
7) 2012年9月、ドイツ郡会議でのインタビューによれば、「AAの任務にかかる業務が全体の7割を占めるジョブセンターもあれば、9割を占めるジョブセンターもある。AAと自治体とでどれだけ職員を出し合うかは、ジョブセンター独自の問題」とのことであった。

自治体において支出された連邦財源の監査を行った。その結果、幾つかの認可自治体において執行された給付や措置が連邦の法解釈に合わないとして、費用返還請求が行われた。このような費用返還請求は、当時のARGEに対しては行われておらず、専ら認可自治体を狙い撃ちしたものであった。ARGEにおいてはBAの統一的な電算システムもあって、提供されるサービスの種類に関する事前の統制が容易であるが、認可自治体の多くは別の電算システムを用いていることもあり、BAからみれば一種の伏魔殿となっていたのである。

　2009年の手法改革においては、BAの地域機関としてサービス購入センターEinkaufszentrenが設けられることにより、統合措置のサービスの調達方法に制約が加わった。ジョブセンターは、価格入札を通じて委託先を決定するか、あるいは購入センターから購入するかのいずれかを選択することを義務づけられたのである[8]。購入センターは、SGBII上の措置を地域に則したカタログにして示し、ジョブセンターはこのカタログからサービスを購入して求職者に提供するという形をとる。この仕組みを通じて、ジョブセンターが求職者に提供したいと考えるプログラムがBAの基準や運用上の解釈に合っているかどうかが事前にチェックされるわけである[9]。さらに2012年以降は、gEにおける支援事業は全て外部に委託することとなり、支援サービスを提供する事業者がBAの認可を受ける仕組みが導入された[10]。このように、ARGEないしgEにおいては提供されるサービスに関してBAの運用上の解釈が貫徹される傾向が強くみられる。

　これに対して認可自治体ではこうしたBAからの直接のコントロールが及びにくく、また自治体が自ら支援サービスを提供する事業者となることも認められている。さらに認可自治体では、SGBII上の規定に関する上乗せや横出しのサービスを「その他の給付」ないし2009年の手法改革で新設された16f条の「任意の支援」を活用して実施する傾向もみられた。第3章で述べたように、

---

8) Buestrich (2011).
9) 2012年9月 Ministerium für Arbeit, Integration und Soziales des Landes Nordrhein-Westfalenにおけるインタビューによる。
10) 2014年8月、ドイツ都市会議でのインタビューによる。

第6章　費用負担をめぐる連邦・自治体間関係

認可自治体におけるこのような自由度の高い運用に対して、BA はしばしばそのコントローリングを試みようとしてきた。2012年の手法改革においてこの「任意の支援」は、16e 条に定める賃金補助と合わせ統合予算の20％を上限とする旨が盛り込まれた。[11]その施行と同時期に BA はその運用に関して次のような指針を出している。

　「複雑な問題を抱え、強力なケアが必要な長期失業者は、労働市場の情勢が改善しても仕事に就くことは困難である。こうした人々を第一労働市場に統合するための新たな方策を探す必要がある。こうした状況を背景に任意の支援の規定は設けられた。同時に、長期失業の受給者層に対する重複・迂回的手法の禁止も盛り込まれた。これは逆に、（重複や迂回がない限り）そのほかの制約がないということである。[12]」

しかしこの「重複・迂回的手法の禁止」は、既存の措置への上乗せ・横出しを実質的に禁止する規定であり、ジョブセンターにおける新たな措置の開発権を妨げるものでもあった。[13]このように、統合予算の使途に対する統制を指向する BA と、求職者のニーズに応じてより弾力的な運用を望む自治体との間にはしばしば対立が生じていたのである。

こうした中、2013年には認可自治体に対する連邦の費用返還請求をめぐる訴訟に関して判決が下された。費用返還請求を受けた認可自治体側はドイツ郡会議を代理人として社会裁判所に異議申し立てをしていた。[14]これに対して一審の地方社会裁判所では連邦側を支持し費用返還請求を正当としたが、二審のノルトライン・ヴェストファーレン州社会裁判所は逆に自治体側勝訴の判決を下し[15]

---

11)　Ab dem 01.04.2012 geltenden Fassung durch Artikel 5 G.v.20.12.2011 BGBl.I.S. 2854.
12)　Bundesagentur für Arbeit,SGB II Fachliche Hinweise,Freie Förderung SGB II nach § 16f SGB II,Stand: April 2012.
13)　Deutscher Verein für öffentliche und private Fürsorge e.V.(2013): Eckpunkte zur Weiterentwicklung der Eingliederungsleistungen im SGB II,DV 31/13 AF III,11. Dezember 2013.
14)　Vorholz,Irene (2013)：Großer Erfolg der Optionskommunen im "Rückforderungsstreit" mit dem Bund.In: Der Landkres 7-8/2013,S.299.
15)　Sozialgericht Detmold,Urteil vom 4.7.2009,S 10 AS 106/08.

ていた[16]。そして連邦政府の上告に対して2013年に連邦社会裁判所は上告を棄却し、留保していた費用返還分を自治体に返却するよう求めたのである[17]。

判決によれば、自治体側が故意に法律の適用を誤らない限り、自治体に対する連邦の返還請求権は妥当しないとされた。すなわち、認可自治体が受給者の職業生活・社会生活への統合に必要と判断して提供したサービスは、「故意による」条文からの逸脱ではなく、その執行に対して費用返還を求めるのは適切ではないという判断である。この判決を受けて、その後連邦の監査はサービス給付の制度的妥当性に立ち入ることを避け、事務費の執行を中心にチェックするようになっていたとされる[18]。しかしさらに、第4章で述べた2014年10月の連邦憲法裁判所の判決[19]は、連邦政府による自治体への監査自体を違憲とするものであった。この連邦社会裁判所の判決、および翌年の連邦憲法裁判所によるその追認によって、そもそも自治体に対する連邦の監査権は否定されることになった。このことが今後SGBIIの改正にどう反映されていくかは未知数ではあるが、認可自治体の制度運用上の裁量権がさらに拡大される可能性がある。

2．住宅暖房費負担問題

（1） 住宅暖房費負担問題の発端

受給世帯に対する住宅暖房費の給付をめぐる連邦と自治体の負担比率の問題は、SGBII成立時からの懸案事項であり、両者間に絶えず軋轢をもたらす問題として存在し続けている。以下ではこの住宅暖房費負担問題の発生に遡って経緯を辿り、その解決への行方についてみていきたい。

そもそもハルツ第4法は、改革を通じて自治体の財政負担を年額25億ユーロ軽減することを目的に掲げていた。これは、連邦政府による2000年の税制改革

---

16) Landesgericht Nordrhein-Westfalen, Urteil vom 3.3.2012, L 7 AS 83/09.
17) Bundessozialgericht, Urteil vom 2.7.2013, B 4 AS 72/12 R.
18) 2014年8月26日、ドイツ郡会議でのMarkus Keller氏へのインタビューによる。
19) Bundesverfassungsgericht, Urteil des Zweiten Senats vom 7.Oktober 2014, 2 BvR 1641/11.

第6章　費用負担をめぐる連邦・自治体間関係

が自治体にもたらした税収の損失を補填する趣旨で、市町村財政改革委員会で合意された金額である。自治体側は、減税による減収を04年については35億ユーロ（22.5億ユーロが直接的な減収、12.5億ユーロが州の税収減による財政調整の減額）と算出していたが[20]、連邦側との協議の結果、この金額で妥結したという経緯がある。この25億ユーロの負担軽減という目的を達成するために、2004年7月に行われたSGBII改正[21]では住宅暖房費給付の一定割合を連邦が負担する旨を定める次のような規定を第46条に追加した。

　「連邦は、労働市場における現代的サービスのための第4法によって、同法により生ずる州の経費節減を考慮した上で、自治体に年25億ユーロの負担軽減を確保するため（中略）、住居および暖房給付を目的とした費用を負担する。」

その上で、2005年の住宅暖房費に関する連邦の負担率を29.1％とした。これは、SGBIIの審議過程で開かれた両院調停委員会での試算結果に基づくものである。すなわち、SGBII関連の自治体の負担と、稼働能力のある生活困窮者への社会扶助がなくなることによる自治体の軽減分等を試算し、自治体負担を25億ユーロ軽減するために必要な連邦負担率を算出した結果、さしあたり2005年に関してはこの29.1％で合意を得たのである。この負担関係を図示したものが図6-1である。ここでは事務費や統合給付等は捨象し、生活保障給付と住宅暖房費給付との負担関係を示している。また、SGBII成立時の基準給付はその時点の社会扶助の基準給付に則して設定されたため、1件当たりの生活扶助給付と基礎保障給付とを同一とみなしている。同図に示したように、自治体の負担軽減は主として社会扶助からSGBIIに移行した人々への生活保障給付分（A × x）であり、他方で負担増となるのは住宅暖房費給付（B × (x + y)）と考えられた。ここで自治体に25億ユーロの軽減がもたらされるように連邦負担率を算出するわけである。

　この連邦負担率については、年内に25億ユーロの負担軽減が達成されたか否かを検証し、その結果を踏まえて2005年1月に遡って修正することとしていた

20）　Deutscher Städtetag,Pressmitteilung vom 3.Juli 2003.
21）　Gesetz vom 30.Juli 2004,BGBl.I,S.2014.

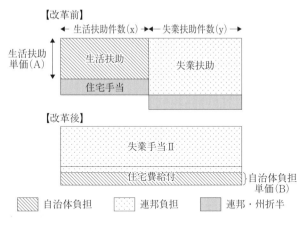

図6-1 自治体・連邦の財政負担関係の変化

〈注〉生活扶助受給者のうち、稼働能力なしと認定された者はSGBXIIの対象となった。この分については上図では省略している。
なお、この図は図1-3と同様であるが各負担率の算出のため再掲した。

(当時の第46条第6項)。2006年の連邦負担比率については2005年中の検証を踏まえて算出し、それ以降の負担比率については前年の検証によって決定していくものとした(同第7項)。この検証方法については、同法の「付則」において、改革による自治体の負担軽減要素と負担増加要素との差額が25億ユーロとなるように連邦負担比率を計算すること、および各要素の構成要素と算出に際して基準とする統計等が明示された。

(2) 住宅暖房費連邦負担率算定の問題

前述のように、SGBII施行前の改正において25億ユーロの自治体負担軽減のための連邦負担率算定方式が定められた。そこではまず自治体の負担増要因として、住宅暖房費給付、一時給付、自治体統合給付といった給付費、およびこれらにかかる人件費等事務費、および他法受給者への住宅暖房費給付が挙げられている。他方負担軽減要因として、2004年末時点での社会扶助から求職者基礎保障へ移行する受給者に関する生活扶助、医療扶助、統合給付およびこれらにかかる事務費が挙げられた。これらの金額を統計的に算出し、それによって

自治体の負担軽減額が25億ユーロになるように、年々の連邦負担率が算定されることとなった。

しかし法が施行される中で、この検証が極めて困難であることが明らかになった。表6-1は、法施行前の調停案における連邦負担率の算定と、施行後に連邦経済労働省・自治体側それぞれが行った試算とを比較したものである。経済労働省の試算によれば自治体の負担増は住宅暖房費を中心に132.6億ユーロ、負担減は生活扶助を中心に129.2億ユーロ、さらに州の負担軽減分を合わせると自治体は28.2億ユーロの負担軽減になっているとされ、連邦負担は不要という結果になっている。これに対して自治体側の試算では、負担増は経済労働省とほぼ同様の138.7億ユーロであるのに対し、軽減分は103.8億、州の軽減も合わせて15.7億ユーロの負担増となり、連邦負担率は34.4％必要とされた。

このような試算結果の乖離は、次のような原因で生じたものである[22]。第一に、予測を上回って受給者が増加したことによる費用をどのように捉えるかという問題である。この原因のひとつは旧社会扶助の下で申請を躊躇していた層が顕在化したためと考えられた。連邦政府は、本来社会扶助を受給しているはずであった人々がSGBIIによる給付を受けるようになったのであるから、この人々が社会扶助を受給していた場合に要したであろう費用を自治体の負担軽減分に算入するべきだとし、それに基づいた算出を行ったのである。

また第二に、そもそも自治体にとっての負担軽減額を、2004年のデータをもとに一定額に固定化するか、あるいは旧制度が存続したであろうと仮定して給付総額が毎年一定割合で増加するものと捉え、軽減額をそれにスライドさせるか、という問題である。連邦政府は旧制度が存続した場合、受給者が年に7％増加したであろうと仮定し、これを自治体の負担軽減額に算入した。これに対して自治体側は負担軽減額を04年の実績に基づく一定額として計算した。

これらの要因に加え、BAおよび各地域のAAが採用していた電算システム（A2LL）と、自治体の社会扶助当局の多くが採用していたシステム（X-Sozial）

---

[22] 負担減要素に関する連邦・自治体間の解釈の相違については、ドイツ郡会議での財政問題担当研究員へのインタビュー（06年9月22日実施）による。

表6-1　ハルツ第4法の2005年自治体財政への影響試算（単位：10億ユーロ）

試算主体（年額推計）	調停委員会	経済労働省	自治体
試算データ基準日	04年9月	05年9月	05年6月
A. 自治体負担の増加			
住宅暖房費	10.98	12.23	11.82
追加的一時給付	0.25	0.09	0.37
自治体統合給付	0.15	0.15	0.23
上記に関する人件費・物件費	0.24	0.00	0.31
他法受給者への住宅費給付	0.80	0.79	1.14
合計	12.42	13.26	13.87
B. 自治体負担の減少（就労能力ある者への社会扶助廃止による）			
生活扶助純給付	6.22	9.08	7.01
医療扶助	1.07	1.17	0.94
統合給付	1.15	1.15	1.15
人件費・行政費	1.02	1.52	1.28
合計	9.47	12.92	10.38
自治体負担の増減（A-B）	2.95	0.34	3.49
C. 州の負担軽減（州から自治体への財政移転の増加）			
住宅手当廃止による負担減	2.05	2.96	1.72
統合給付の州負担減	0.20	0.20	0.20
Cを加えた負担の増減（A-B-C）	0.70	-2.82	1.57
25億ユーロ軽減に必要な移転	3.20	0.00	4.07
軽減に必要な住宅費連邦負担率（％）	29.1	0.0	34.4

〈資料〉Deutscher Landkreistag, Bilanz der Kommunen aus dem Hartz-IV-Gesetz im Jahr 2005.

が異なり、両システムの互換性がなかったことも齟齬の一因と考えられる（第3章参照）。ARGEの多くは、AAの事務所であったジョブセンターの電算システムを使用したが、約3割のARGEおよびほとんどの認可自治体ではX-Sozialを採用していた。この場合には給付データは直接にはBAに送られず、手動でのデータ置換が必要である。それゆえ、ARGEではA2LLへのシステム変更が進められてきたが、その間の統計は推計で処理されてきたのであり、実

施から1年半経過後もなお5％のARGEではシステム変更が完了していなかった。こうした状況下で、「自治体の財政負担25億ユーロ」を達成するための検証に関して、連邦側と自治体側での計算結果に齟齬が生じることとなった。

表6-1の試算は年度途中のものであるが、こうした連邦政府と自治体との間の算出結果の相違は、2006年の連邦負担率を決定する場でもなお埋まっていなかった。この連邦政府負担比率の決定をめぐって、2005年末には連邦政府と自治体代表団体の間で攻防が展開された。自治体に25億ユーロの負担軽減を実現させるために必要な連邦政府の住宅暖房費負担比率は、連邦政府の計算によれば16％、自治体の計算によれば42％、という大きな懸隔が生じたのである。最終的には2006年には連邦負担比率を29.1％に据え置き、2007年以降の負担比率については改めて規定するという妥協に至ったのであるが、つまるところこれは問題解決の先送りに過ぎなかった。

(3) 連邦負担率の変遷

表6-2は、住宅暖房費給付に対する費用負担関係に関する主なSGBIIの改正経緯、そして表6-3はそれによる連邦負担比率の変遷を示したものである。前述のように2005年末には2006年の負担率を据え置く形での妥協が成立しているが、それと同時に連邦負担率算定方法を詳細に定めた規定した第46条第6～9項が削除され、連邦負担率を単に「連邦法でこれを定める」（第46条第7項）と規定する改正が行われた[23]。つまり、自治体の財政負担を年額25億ユーロ軽減するという目標の達成状況を明確にするために細かに定められた計算式も、結局無に帰してしまったのである。

その1年後の2006年末の改正で[24]、連邦負担率の算定方法は改めて盛り込まれている。それによると、1年間の受給世帯数増加率に0.7を乗じ、これを前年の連邦負担率に加えたものが当該年の連邦負担率ということとされた（第46条第7項）。先の算定方法では自治体の負担軽減・負担増分の推計をもとに連邦

---

23) BGBl.2005 I, S.3675.
24) BGBl.2006 I, S.3376.

表6-2 SGBII 第46条住宅暖房費連邦負担に関する主な改正

施行日	改正日	官報頁	改正内容
2005.1.1	2003.12.24	2954	法成立
2005.1.1	2004.7.30	2014	25億ユーロの自治体負担軽減達成のために住宅暖房費の29.1％を連邦負担。連邦負担率算定方法を附則に規定。
2005.12.31	2005.12.22	3675	連邦負担率算定方法を附則から削除。05・06年の負担率を29.1％とする。
2007.1.1	2006.12.22	3376	07年の住宅負担比率を変更（BW35.2％、RP41.2％、他31.2％）。08年以降の算定に関する数式（受給世帯数基準）を示す。
2008.1.1	2007.12.21	3141	08年の住宅費負担比率を変更。（BW32.6％、RP38.6％、他28.6％）
2009.1.1	2008.12.20	2859	09年の住宅費負担比率を変更。（BW29.4％、RP35.4％、他25.4％）
2010.1.1	2010.12.9	1933	10年の住宅費負担比率を変更。（BW27.0％、RP33.0％、他23.0％）
2011.1.1	2011.3.21	452	11年の住宅費負担比率を変更。（BW28.5％、RP34.5％、他24.5％）
2011.4.1	2011.3.24	453	25億ユーロの自治体負担軽減目標削除。算定方法計算式（06年12月規定）を削除。11-13年の住宅費負担比率はBW34.4％、RP40.4％、他30.4％。さらに教育・参加パッケージ分として5.4％上乗せ。14年の負担比率はBW31.6％、RP37.6％、他27.6％。
2014.1.1	2014.12.2	1922	EU加盟国からの移民増に対応して14年の連邦負担率を0.18％付加。
2014.12.31	2014.12.22	2411	14-16年の住宅費負担比率の教育・参加パッケージ分を3.7％とする。

〈資料〉Gesetze und Verordnungen des deutschen Bundesrechts im Internet （http://www.buzer.de）より作成。

負担率を算出していたのに対し、新たな算定方法では29.1％を出発点として、年々の受給世帯増減にスライドさせる形で連邦負担率を算出することとなったわけである。以後2011年3月にこの算定式が削除されるまで、この方式に従って毎年の連邦負担率が変更されてきたことが表から窺い知れる。

なお、この改正では、バーデン・ヴュルテンベルク州（BW）およびラインラント・プファルツ州（RP）に関して、他州とは異なる連邦負担率が導入されていることもわかる。これは、一律の連邦負担では自治体の負担軽減に地域差

が生じることから導入されたという経緯がある。

　前述のように、この改革を通じて軽減される自治体の負担は、旧社会扶助からSGBIIに移行する受給者の人数という軽減要素と、住宅暖房費を給付すべきSGBII受給世帯数という負担増要素のバランス如何で決まる。SGBII受給件数に対して稼働能力ある社会扶助受給者数が大きければ負担減、小さければ負担増に傾く。また、住宅暖房費に関しては地域差が大きいため、家賃水準の高い地域では負担増に傾くことになる。

　東部州では施設外生活扶助受給者が少なく、失業扶助受給者が相対的に多かったため、負担軽減の恩恵が小さくなりがちであった。また西部州にあっても、施設外生活扶助受給件数が多いのは概して都市部であり、郡部の方が負担増要素が大きいと考えられる一方、家賃水準を反映して都市部でも負担増に傾く場合もありうる。こうした地域的事情を反映して、東部州は全般に負担軽減が少なく、西部州ではバーデン・ヴュルテンベルク州とラインラント・プファルツ州が突出して負担軽減が少ないという状況が生じていた。こうした事情に対し、東部州に対しては財政調整法に基づき、特別需要連邦交付金の増額という措置がとられていたが、西部の2州に対しては何らの措置もとられてこなかった。この改正案では当初、07年の連邦負担率を31.8％としていたが、連邦参議院は上記の状況に鑑み州間の連帯という観点から、各州に関する連邦負担率を31.2％へと0.6％ポイント引き下げ、その分を二州に上積みするという修正案で合意したのである。[26]

表6-3　連邦負担率の推移

	住宅暖房費総額 Mrd.E	連邦負担率％
2005	12.3	29.1
2006	13.7	29.1
2007	13.7	31.2
2008	13.4	28.6
2009	13.8	25.4
2010	13.8	23.0
2011	13.6	30.4
2012	13.4	30.4
2013	13.8	30.4

〈注〉連邦負担率は、バーデン・ヴュルテンベルク州とラインラント・プファルツ州以外の州に対するもの。
〈資料〉09年までDeutscher Städtetag (2010), S.9、それ以降はSGBIIの条文およびBA (c) による。

---

25) Henneke (2005b), S.181.

さて、表6－3に示したように、二州を除く州の自治体に対する連邦負担率は2007年の31.2％をピークとし、それ以降2008年28.6％、09年25.4％、10年23.0％と低下を続けた。この負担率の動向は、2006年をピークに受給者の絶対数が減少したことを背景としているが、特に2008年以降の算定に関する変更（2006年12月）によって、連邦負担率が受給世帯数スライド方式に変更されたことが大きく影響しているものと考えられる。

　後述するような自治体財政負担の悪化を背景に、2011年3月の改正では結局この受給世帯数スライド方式を廃止し、連邦参議院の同意を得て毎年の法令で定めることとした。この改正に伴い、2011年から13年までの連邦負担率は30.4％と大幅に引き上げられた。また、2011年度からは子どもに対する教育・参加パッケージの導入（第2章参照）に伴う自治体負担に対して、この住宅暖房費連邦負担率に一定比率を付加する形での連邦からの財政移転も導入されている。さらに、2014年にはEU域内の移民の増加への対応分として0.18％の上乗せも行われている。住宅暖房費連邦負担は、自治体の財政事情に鑑みての連邦からの財政支援という意味をもち始めている観がある。SGBIIが連邦から自治体への直接関与の例外として容認されると同時に、住宅暖房費連邦負担も連邦から自治体への直接的な（ただし州を介しての配分ではあるが）財政移転の例外的存在となった。つまり連邦負担率は、連邦が自治体財政の負担軽減を図るほとんど唯一の手段としての意味を付与されるに至ったのである。

3．自治体財政の悪化と連邦・自治体間財政関係の動向

（1）　改革前後の自治体財政

　これまで繰り返し述べてきたように、ハルツ改革はそもそも自治体財政の負担軽減を図ることをも任務のひとつとしてきた。稼得能力ある生活困窮者に対する生活保障給付が失業手当Ⅱとして連邦負担に移管されたことによって、自治体の社会扶助費負担が大きく軽減されたことは事実である。では全体とし

---

26)　Bundesrat, Stenogrfischer Bericht 828. Sitzung, den 24. November 2006, S. 378-379.

第6章　費用負担をめぐる連邦・自治体間関係

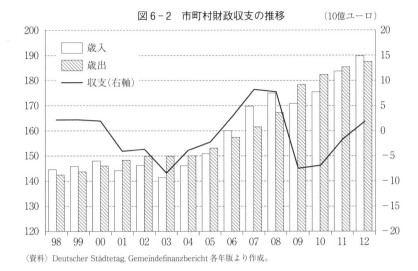

図6-2　市町村財政収支の推移　（10億ユーロ）

〈資料〉Deutscher Städtetag, Gemeindefinanzbericht 各年版より作成。

て自治体の財政負担は軽減されたのだろうか。

　その問題に立ち入る前にまず、自治体の財政支出の全体像をみてみよう。なお、ドイツの自治体では、公会計方式から企業会計方式へと会計システムの転換が進められてきており、2011年以降では全国的な財政統計が企業会計方式に切り替えられている。そのため、その前後の連続したデータを得ることが困難になっている。以下ではこの点に留意しつつ自治体財政の推移をみていきたい。

　図6-2は市町村の財政収支を示したものである。なお、郡は市町村からの分担金を財源としているため、市町村総計で示す歳出・歳入および収支は郡と市町村の純計に等しい。これによると、ドイツ自治体の財政収支は2000年代前半において赤字化しており、世界金融危機前の2006年から2008年にかけては税収の増加を背景に一時的に収支が改善していたが、2009年から2010年にかけての歳入の落ち込みにより大幅な財政赤字を計上している。ドイツの市町村税は、経済変動の影響を受けやすい営業税を含んでいるため、財政収支は税収の動向に影響を受けやすい構造にある。しかし、2009年から2011年の財政赤字は、歳入の落ち込みもさることながら、歳出の増加要因も大きな影響を与えているようにみえる。特にハルツ改革後の2000年代後半における歳出の伸び方が

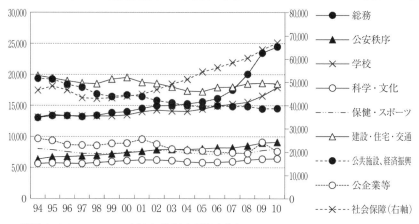

図6-3　自治体歳出の主な項目の推移　　　　　　　（百万ユーロ）

〈資料〉Statistisches Bundesamt(a)および(b)各年度版より作成。

大きく、2009から2010年にかけての財政赤字はこの影響も大きいと考えられる。

そこで次に、歳出全体の推移をみてみよう（図6-3）。社会保障関係費は、他の費目に比較して抜きんでた推移を示しているため、右軸で示している。社会保障関係費は2006年から2008年にかけて伸びが一旦鈍化したかにみえるが、自治体歳出の最大費目であることには変化がない。歳出全体に占める社会保障関係費の割合は、ハルツ改革前まで30％前後で推移していたが、改革後はむしろ35％前後と高水準になっている。総務費が2007年から2009年にかけて増加を示しているのは、この時期に職員の賃金協約が改訂されたことにより人件費が増加したことが主な要因である。その他の費目についてみると、学校教育費や公安秩序費を除き横ばいから減少傾向すら示している。特に公共施設・経済振興費、建設・住宅・交通費の減少傾向が明確である。これらの分野は連邦法によって義務づけられる事務よりも自治事務というべきものを多く含んでいるため、社会保障分野のような義務的な経費にこれらの自治的・政策的経費が圧迫されている状況が窺える。特に自治体における建設事業の縮小は著しく、道路や市電、公共施設等のインフラが老朽化している中で、その更新を困難化させる事態を招いている。

第6章　費用負担をめぐる連邦・自治体間関係

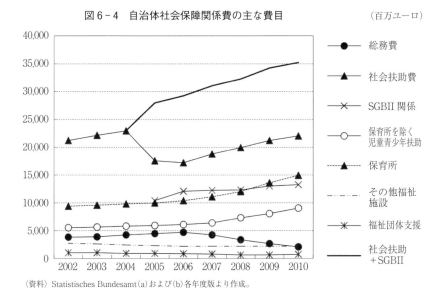

図6-4　自治体社会保障関係費の主な費目　　　（百万ユーロ）

〈資料〉Statistisches Bundesamt(a)および(b)各年度版より作成。

次に、この社会保障関係費の内訳を図6-4に示す。ハルツ改革が実施された05年より、従来の社会扶助費は一旦大幅に減少した。これは、旧BSHGの受給者のうち、就労能力のある人々がSGBIIに移管されたことによるものである。残る社会扶助費はSGBXIIによる高齢者や障がい者等、就労能力のない人々への生活保障給付に特化したのである。しかし、同図に太線で示したように、SGBII関係費と社会扶助費とを合計した数字でみると、改革前の社会扶助費よりも大きくなってしまい、しかも従来と同様の伸び率で増加し続けていることがわかる。社会扶助費自体もその後同様の伸び率を示しており、依然この分野が自治体財政にとって大きな比重を占めていることがわかる。またそれ以外の社会保障関係費では、保育所および児童青少年扶助費の増加率が高くなってきていることがわかる。社会扶助費および児童青少年扶助費については後述するとし、まずはSGBII関係支出の詳細についてみていきたい。

(2) SGBII関係費の動向

では、自治体におけるSGBII関係の支出はどのような動向を示しているの

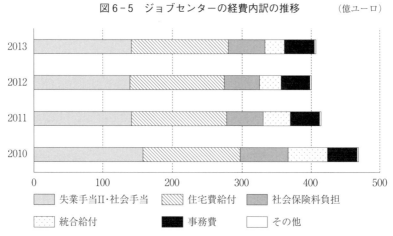

図6-5 ジョブセンターの経費内訳の推移　　（億ユーロ）

〈資料〉Statistik der BA(c)より作成。

だろうか。まず、ジョブセンターの側で捉えた経費動向をみてみよう（図6-5）。このデータはBAが把握する各ジョブセンターの支出の集計結果であり、BAにとってのSGBII関係の歳出額とほぼ同一のものである。ジョブセンターの支出には、gEも認可自治体も含まれており、認可自治体の中には電算システム上の問題からBA統計ではデータを把握できないものも一部あるが、その影響は限定的である。なお、このデータは2010年分以降に公開されるようになったものであるため、それ以前に遡ることはできない。

　ジョブセンターの支出の中で最大の比重をなすのは、失業手当Ⅱや社会手当等の生活保障給付である。とはいえ、2011年以降には2010年に比べてこれら給付の金額はかなり減少している。雇用情勢の改善によって受給者が減少したことを受け、金銭給付が減少したものと思われ、これは社会保険料負担の減少傾向に関しても同様である。しかし他方で、住宅暖房費給付は基礎保障部分に比べると減少度合いは少なく、むしろ増加している。こうしたことから2011年以降は基準給付と住宅暖房費給付はほぼ同規模の歳出となっている。原油価格の上昇による、暖房費を含む家賃水準の上昇の結果と考えられる。

　他方でこれらの費目の中で唯一、減少傾向が明確にみえるのが統合給付費で

第6章　費用負担をめぐる連邦・自治体間関係

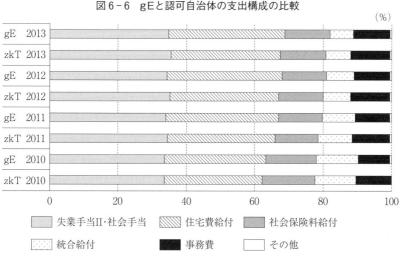

図6-6　gEと認可自治体の支出構成の比較

〈資料〉Statistik der BA (c) より独自に集計。zkTは認可自治体の略称。

ある。連邦政府の経費削減策の中で、統合予算が大幅に削減されてきており、2013年の統合給付は2010年の半分にまで減少している。この統合予算の削減は、連邦政府の財政縮減策を背景として2011年の第二次手法改革と同時並行で進められたものであり、この手法改革では統合給付の種類が精査・簡素化されるとともに、前述のように「任意の支援」が統合予算の20％の枠内である程度自由化されることとなった。しかしその一方でこの統合予算の厳しい削減は、ジョブセンターにおける求職者の労働市場への統合に関する裁量の余地を縮小させるものであり、労働市場政策的手法の効果的な適用を阻害するものであった。[27]

ところで、このようなジョブセンターの経費構造は、gEの場合と認可自治体の間に相違があるだろうか。図6-6は2012年から追加された認可自治体を除外して集計した、両実施主体モデルの支出構造の比較である。ジョブセンターや自治体の廃置分合の関係で会計年度によってジョブセンター数は一定ではなく、gEは380団体前後、認可自治体は50団体前後の集計結果である。両モ

---

27) Deutscher Verein für öffentliche und private Fürsorge e.V., a.a.O.

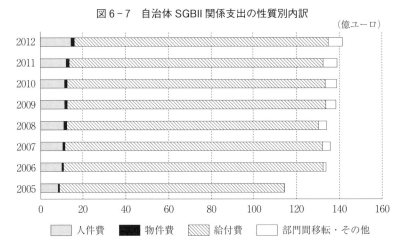

図6-7　自治体SGBII関係支出の性質別内訳

　　　人件費　　　物件費　　　給付費　　　部門間移転・その他

〈資料〉Statistisches Bundesamt(a)(b)各年度版より作成。

デルの経費構造の間にはほとんど相違はみられない。強いていえば、当初からの認可自治体には郡部が多く、家賃水準が低いために住宅暖房費給付の占める割合が相対的に低いことが挙げられる。また、統合給付や事務費の比率は、gEに比べて認可自治体では概して高めになっている。前述のように、連邦政府からの予算配分はgEも認可自治体も同一ルールでなされるため、こうした相違が生じる可能性としては、自治体財源の持ち出しが含まれているためではないかと推測される。

　次に自治体の決算統計の側からみてみよう。図6-7および図6-8は2011年の公会計制度改革をまたいだグラフとなっているが、SGBII関係支出の総額を見る限り概ね連続したデータと考えてよいだろう。この二つのグラフは、自治体の決算統計から、社会保障関係費中の求職者基礎保障関係費を取り出し、その性質別構成と財源内訳とを表したものである。自治体におけるSGBII関係支出全体についてみると、制度施行の2005年を除き、2006年から2010年まであまり変化がないようにみえる。ただし、人件費・物件費など事務費は年々増加傾向にあり、最近では歳出の1割を占めるに至っている。支出と財源の対応関係に着目すれば、人件費・物件費等の事務費は「他段階政府からの弁済 Erstattun-

第6章 費用負担をめぐる連邦・自治体間関係

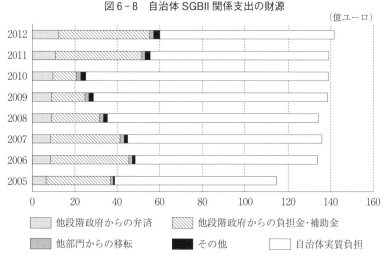

図6-8 自治体SGBII関係支出の財源

〈資料〉Statistisches Bundesamt(a)(b)各年度版より作成。

gen」によってその大半を補塡されていることがわかる。本章1．で述べたように、事務費の84.8％は連邦が負担することとされており、これが「弁済」として表されているのであろう。この「弁済」は事務費の増加傾向とともに増額されているが、実際にこの弁済が事務費に占める割合は、2009・10年には72％にとどまり、連邦からの財政移転が増額された2012年でも79％である。

他方、SGBII関係費の大半を占める給付費は、8割程度が住宅暖房費給付であり、その他に一時給付や教育・参加パッケージ（2011年以降）等、自治体を経由する給付も含まれている。給付費は受給者の増減とともに変動しているものの、2006年以降ほとんど横ばい状態にある。その費用は「他段階政府からの負担金・補助金 Zuweisungen und Umlagen」によって一部補塡されていることがわかるが、これは前述の住宅暖房費給付に対する連邦負担を含むものである。前出表6-3で示したように、連邦の住宅暖房費負担率が2008年から2010

---

28) Statistisches Bundesamt (b) による。同統計ではより詳細な目的別・性質別・財源のクロス関係のデータを得ることができるが、gEに参加する自治体と認可自治体とで決算統計の取り方が異なるなど、必ずしもわかりやすい統計とはなっていない。

年にかけて引き下げられた結果、自治体の実質負担が大幅に増加していたことがわかる。2011年以降連邦負担率が23.0％から30.4％に引き上げられるとともに、自治体の実質負担は軽減されている。

（3） 社会給付費問題

　前述のように、ハルツ改革以降も自治体の社会保障関係費は高水準の増加を続けていた。自治体側はこの問題に対して「社会給付費問題」と題したキャンペーンを展開し、この経費の増加原因と連邦政府による負担の適正化を求めた[29]。その第一の焦点が住宅暖房費給付による連邦負担率の削減によって自治体の財政負担が大きくなっていることにあったことは先に述べたとおりであるが、以下ではそれ以外の社会給付費についてみていきたい。

　前出図6-4に示されたように、近年大きな増加傾向を示しているのが保育所費および児童青少年扶助費である。これらは90年代より増加を続けていたものであるが、女性の就労促進および子どもの貧困への対応という政策的位置づけの下で、特に2000年代後半から増加の度合いが大きくなってきている。2004年に制定された保育所整備法[30]は、保育需要への量的・質的対応を定め、特に3歳未満児向け保育の拡張をうたった。さらに2008年に成立した保育支援法[31]は3歳未満児向け保育所・保育サービスのさらなる充実を図り、2013年までに3歳未満児の35％を受け入れることが可能な保育体制を構築し、2013年8月までに1歳未満児の保育を必要とする全てのニーズに応えるという目標設定を行った。この目標達成のために自治体に大きな財政負担がもたらされたのである[32]。

　また、SGBⅡの成立とともに旧社会扶助法はSGBⅫに再編されたが、同法には生活扶助（第3章）、高齢・稼得減少時基礎保障（第4章）、障がい者統合扶

---

29) Deutscher Städtetag（2010）.
30) Gesetz zum qualitätsorientierten und bedarfsgerechten Ausbau der Tagesbetreuung für Kinder vom 27.Dezember 2004,BGBl.Ⅰ,S.3852.
31) Gesetz zur Förderung von Kindern unter drei Jahren in Tageseinrichtungen und in Kindertagespflege（Kinderförderungsgesetz - KiföG）vom 10.Dezember 2008,BGBl.Ⅰ,S.2403.
32) Deutscher Städtetag（2010）,S.15.

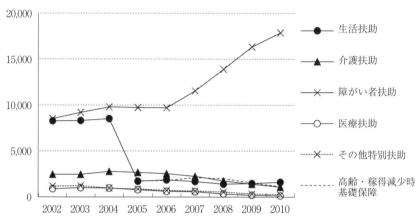

図6-9 社会扶助費の内訳　（百万ユーロ）

〈資料〉Statistisches Bundesamt(a)および(b)各年度版より作成。

助（第6章）、介護扶助（第7章）等が含まれている。図6-9はこれらに係る自治体歳出の推移を示したものであるが、2007年以降に障がい者扶助費が急速に増加していることがわかる。これは身体的・精神的・知的障がい者に対する生活保障給付および社会参加にかかる給付を含むものであり、この増加の背景には受給者の増加ばかりでなく、障がい者のための国連憲章の批准に伴う施策整備による1人当たり費用の増加もある。また、高齢・稼得減少時基礎保障は、一定年齢に達したあるいは長期にわたって稼得減少にある人で自ら生計維持が困難な場合の生活保障給付であり、主に年金収入が最低生活保障に達しない場合の給付である。低賃金による年金水準の僅少、年金給付水準の引き下げ、高齢化などといった自治体では如何ともしがたい要因によって増加するものである。介護扶助は介護保険によってカバーできない介護ニーズへの対応であるが、そもそも介護保険給付がニーズに追いついていないことや介護保険給付が部分給付にとどまること、高齢化に伴う受給者の増加等の要因によって、自治体の負担増となる可能性がある。[33]

---

33)　Ebenda, S.23.

以上のように、自治体の社会保障関係費はハルツ改革後も依然増加を続け、多くは自治体に政策的な裁量や責任のない財政負担をもたらしている。第1章で論じたように、ハルツ改革以前から自治体は牽連性原則に基づく連邦負担を求めてきた経緯がある。ハルツ改革以前の社会扶助費において絶えず問題とされたように、連邦政府の政策に起因する自治体の財政負担、自治体に政策的裁量の余地が小さい分野に関する財政負担が、自治体の本来的自治事務を圧迫しているという問題は、結局のところ解決されていなかったのである。

（4）　費用負担関係の見直し

　上記のような経緯の中で、連邦政府は自治体の負担軽減を検討せざるを得なくなった。連邦政府は2010年2月に市町村財政委員会の設置を定め、連邦政府による立法が自治体財政に及ぼす負担の問題とその軽減策の審議に当たらせた。市町村財政委員会には、「基準」「立法」「地方税」の三つのワーキンググループが設けられていた。すなわち、自治体が主張する牽連性原則に鑑みて、自治体代表団体が立法過程に参画する仕組みを設けること、連邦法が定める基準を緩和する可能性について、さらに共同税の自治体分与のあり方を見直すことによって自治体の財政状況を改善すること、を検討課題としたのである。同委員会は2011年6月に最終会合を開催し、次のような提言を行った。[34] すなわち、自治体の財政負担軽減策として、今後の高齢化の中で一層の負担増が見込まれる高齢・稼得減少時基礎保障について、2012年から15年にかけて順次連邦負担に切り替えていくことである。これによって4年間で120億ユーロの負担軽減を図ることができるとした。また、連邦およびEUレベルの立法過程への自治体代表団体の参加権も強化されるべきとした。基準に関するワーキンググループでは、自治体に義務づける基準の弾力化によって2014年以降40億ユーロの負担軽減がなされるとされた。他方、地方税に関するワーキンググループでは、地方税制改革に関して合意に至らず、その結果として委員会全体としては

---

34)　Bundesministerium der Finanzen, Abschließende Sitzung der Gemeindefinanzkommission am 15. Juni 2011.

歳出面の負担軽減を図ることとしたのである。

　この提言を受けて連邦政府は2011年11月に、連邦政府は高齢・稼得減少時基礎保障の自治体負担軽減策を打ち出した[35]。それによれば、2012年には同給付の連邦負担率を15％から45％に、2013年には75％に引き上げ、最終的に2014年には全額を連邦負担にすることとされた。

　2013年9月の総選挙で成立した第三次メルケル政権は、同11月にCDU/CSUとSPDの間の連立協定を発表した[36]。それによれば、高齢者基礎保障の費用負担を自治体から連邦へ移管することにより、2014年には11億ユーロの負担軽減を図るとした。さらに障がい者統合扶助に関する費用負担の見直しによって、2018年までに自治体の負担は50億ユーロ軽減されるとした。

　さらに、前述の住宅暖房費連邦負担率についても、2014年には一旦27.6％に引き下げられたものの2015年には31.3％にまで再度引き上げられている。これら一連の連邦政府の財政措置の背景には、自治体の厳しい財政事情があったと考えられる。

小　括

　旧社会扶助法の下での自治体負担が看過できない水準に増加していたことに鑑み、ハルツ改革は、自治体財政負担の軽減を重要な目的のひとつとしていた。実際、SGBII受給世帯に対する生活保障給付である失業手当IIと社会手当および社会保険料負担は全て連邦負担に移行し、この点だけをみれば自治体の負担は大きく軽減されたとみえる。

　しかし、連邦と自治体の混合財源となった統合予算および事務費、住宅暖房費給付については、改革後も引き続き両者間の財政負担関係をめぐる問題が残ることになった。まず統合給付や人件費を含む事務費に関しては、当初より包括化された予算の枠組みで運営されていたが、2011年施行の改正から両者の連

---

35) Bundesregierung,Pressmitteilung vom 25.November 2011.
36) 　CDU/CSU und SPD,Deutschlands Zukunft gestalten,Koalitionsvertrag zwischen CDU,CSU und SPD,18.Legislaturperiode,14.Dezember 2013.

邦負担率が84.8％と定められた。これは、人件費を主とする事務費の取り扱いを明確にし、統合給付と事務費の配分に関してジョブセンターに裁量をもたせる意味をもつ一方、自治体の人件費負担の下限を確認する意味をももったものと考えられる。

他方住宅暖房費については、連邦と自治体の負担関係をめぐって絶えず対立の種となっていた。当初のSGBII条文では改革を通じて25億ユーロの自治体負担軽減を行う旨を盛り込み、この金額から逆算して連邦の負担率を算出する方式をあわせて規定した。しかし結局のところ、具体的な算定方法をめぐって連邦と自治体の見解には大きな隔たりがあり、最終的にはこの算定方式も「25億ユーロの負担軽減目標」もSGBIIから削除された。住宅暖房費に対する連邦負担については、一時期には受給世帯数スライド方式も導入されたが、2011年の改正では結局このスライド方式も廃止され、毎年の法令で決定されることとなった。この決定に際しては連邦参議院の同意が必要であり、自治体の要望は州政府を通じて反映されるものであり、実際2011年以降に連邦負担率の引き上げにつながった成果はある。とはいえ、自治体負担軽減は連邦政府の匙加減に依存することとなった面は否めない。

その一方で、自治体においてはSGBIIのみならず保育所整備・運営を中心とする児童青少年扶助や障がい者扶助の分野における歳出が新たな財政ストレスとなっていた。これについても、連邦政府が2011年に表明した軽減策により、高齢・稼得減少時基礎保障の財政負担が全面的に連邦移管された。

さて、つまるところハルツ改革は自治体の財政負担を軽減したのだろうか。当初目標として明示されていた25億ユーロの負担軽減は、結局十分に検証されないままである。特に2009年の基本法改正（第二次連邦制改革）で連邦政府の財政規律（州や自治体についても同様ではあるが）が厳格化され、世界金融危機からの労働市場の回復もあって、SGBII関係の連邦支出が大きく削減される中、ジョブセンターで長期失業者の就労支援に費やすことのできる予算にも大鉈が振るわれ、住宅費暖房費の連邦負担率が抑制されることで自治体の財政負担は重くなっている。

以上のように、連邦と自治体の間の費用負担関係は、依然連邦の財政事情に

左右される状況にある。SGBIIに当初盛り込まれた負担率算定方式は、両者の関係を可視化することが期待されたものの、その実施過程で双方の利害を調整しきることができなかった。このことは制度設計の理念からすれば痛恨事と考えられ、ドイツ連邦制における政府間財政関係の難しさを再認識させるものである。

　ただし、2011年以降には連邦負担率の大幅な引き上げとともに、連邦の他施策によって自治体にもたらされた負担増——児童手当法改正による教育・参加パッケージや移民の増加——をこの負担率引き上げによって補償するという新たな動きがみられるようになった。連邦から自治体への唯一といってよいこの財政移転が、自治体財政の負担軽減という役割を担い始めたことは注目すべきことである。

終　章

ローカルな雇用政策の意義と課題

はじめに

　前章までに述べてきたように、ドイツ・ハルツ改革における実施主体問題は大きく揺れ動いてきた。序章に示したように、本書の課題は、ハルツ改革に臨んだドイツの自治体が、求職者基礎保障の実施主体となるに至った経緯やそれを選択した自治体の制度運営に着目し、この二つの極の間で揺れ動く地域雇用政策を叙述していくことにあった。その際の問題設定としては以下の三点がある。第一に、特に認可自治体モデルに着目し、労働市場において不利な条件を抱える人々への支援を自治体が担い、地域雇用政策として取り組む意義を明らかにすることである。第二に、ハルツ改革が自治体の財政負担軽減を目的のひとつに掲げたことに鑑み、それが達成されたのか否か、また連邦と自治体の財政負担関係はどのように整理されたのかを明らかにすることである。そして第三に、生活困窮者の社会的包摂および労働市場への統合というこの政策分野における政府間関係が、ドイツの連邦主義の中でどのような問題を抱え、どのような解決策を見出そうとしているのかを明らかにすることである。
　本章では、これらの問題をめぐる本書での検討を振り返り、ハルツ改革といういわば大きな「社会実験」から得られた結論を導くとともに、日本における当該分野への示唆を見出していきたい。

終　章　ローカルな雇用政策の意義と課題

1．ハルツ改革の背景と概要

　まず第1章では、ハルツ改革に至る経緯と改革の概要を述べ、社会扶助費の増加による自治体財政の悪化という問題を解決すべくハルツ改革に負わされた課題を明らかにした。1990年代の高失業の下で、自治体は自らに政策的な責任のない社会扶助費の膨張に悩まされてきた。高失業はマクロな経済・雇用政策を担う連邦の責任であり、また社会扶助受給者の増加は他の社会保障制度がカバーできていないために「最後の網」に掬われる貧困層が増えるためであると捉えられた。この観点から自治体は「牽連性原則」を掲げ、自治体の社会扶助費負担の理不尽を訴えてきた。しかしその一方で自治体は就労扶助政策を通じて、地域的な雇用政策や長期失業者への人的ケアに関する経験を積み上げ、また他方ではMoZArT等を通じてAAと自治体の協働をも積み上げてきたのである。求職者基礎保障の導入に際して、前者の経験は認可自治体モデル選択の主体的な裏づけとなり、後者の経験はARGEという一般的な実施主体の承認の根拠となった。

　また、ハルツ改革は長期失業者の生活保障・自立支援に関する政府間の財政的負担関係をも変革するものであり、それによって自治体の負担を軽減することを重要な課題のひとつとしていた。その点からすれば、SGBIIによる生活保障給付を自治体負担から連邦負担へと転換したことは瞠目すべきものであり、自治体が主張してきた牽連性原則が曲がりなりにも実現されたといえる。これと引き換えに自治体には住宅費給付という新たな負担が課されることとなったが、その一部を連邦が負担することとされ、SGBIIにはこの連邦負担率算定の手続きが詳細に盛り込まれた。この規定は、州との関係において構築された財政負担透明化手続きの成果を、自治体と連邦の間の財政関係に適用したという点で画期的なものといえるが、後述するように根本的な問題解決策とはならなかった。

　第2章では、求職者基礎保障における給付と支援の枠組みを概観し、受給者の属性や動向、その職業生活への統合のための各種措置の運用状況を検討し

た。SGBIIの受給者である長期失業者は、労働市場が求める専門性や資格を欠いたり、育児・債務・精神的疾患等の斡旋阻害要因を抱えたり、失業の長期化の中で社会生活から断絶され、求職活動自体が困難化するなど、労働市場への統合の上で大きな不利性を抱えている。この課題に即してSGBIIが設ける固有の措置として、就労機会や自治体統合給付、地域独自の支援策等について検討を行った。就労機会は長期失業者にとってハードルの低い就労・訓練プログラムとして多用されてきたが、その安易性やスティグマ性、および労働市場への統合効果の低さから、一連の手法改革を通じて縮小への動きがみられる。他方で自治体統合給付は、斡旋阻害要因をもつ求職者に対して、社会扶助や児童青少年扶助、公衆衛生等の自治体の一般施策を活用するものであり、自治体内部の横断的な連携関係が鍵を握っている。これらのSGBIIの施策は、需要者への近接性と地域資源やネットワークの活用という性格上、自治体レベルでの運用に適しているが、この施策を全国に標準化する上ではBAによるコントローリングを伴いがちである。地域性・多様性と標準化・均一化とをめぐる集権と分権の間の軋轢は、ARGEと認可自治体という二つの実施モデルの間の選択に大きく関わってくることが窺えた。

　第3章では、本書の主要テーマである求職者基礎保障の担い手問題、すなわちARGEか認可自治体かをめぐっての、改革前後の議論状況を検討した。求職者基礎保障の実施主体は法案段階ではBA-AAとされていたが、審議の過程でARGEへと変更され、施行直前の改正で実験条項により認可自治体モデルが追加された。この変遷を通じて、労働市場政策に対する自治体の余地が拡張されてきたともいえる。旧社会扶助法下での就労扶助の取組みを通じて、自治体は労働市場において不利な条件を抱える人々への支援・統合策を展開し、児童青少年扶助や障がい者扶助、公衆衛生等の自治体の他部門との連携を通じたケアを実施してきた。こうした自治体の経験と成果が、SGBIIの実施主体に関する制度変遷の背景にあったことは明らかである。

　しかしその一方でARGEにおけるAAと自治体の協同も徐々に進展をみせた。施行当初の混乱が徐々に収束する中で、労働市場への統合を一義的とするBAの方針の下で、制裁的手段も用いつつ迅速な斡旋に努めた結果、実験条項

評価報告書では認可自治体よりも成果が大きいという評価も得たのである。

とはいえ、ワークフェア指向の強いARGEの斡旋が、受給者の長期的な社会生活上の安定をもたらすかどうかは定かではない。また、AEGEにおけるAAと自治体の協同が全て良好に進んでいたわけではなかった。BAによる集権的なコントローリングに対する反発、さらに地域的な労働市場政策に対する自治体の主導性喪失への落胆から、AAとの協同に不満をもつ自治体は多く存在していた。

2．実施主体をめぐる局面の変化

第4章では、求職者基礎保障の主たる担い手として想定されたARGEに対する違憲判決とその後の制度改革（ジョブセンター改革）への動きを概観した。ARGEの合憲性についてはSGBII成立時点より疑義が呈されていたものの、実施から年月が経つにつれ、ジョブセンターにおける自治体とAAの協同は徐々に軌道に乗りつつあった。しかし2007年末に連邦憲法裁判所が下した判決は、ARGEは基本法が禁止する混合行政にあたるものであり、2010年末までに「合憲状態」をもたらすことを命じるものであった。結局のところ、この問題は基本法改正という驚くべき手段で解決され、ARGEを基本法上の例外として「合憲化」することにより、この協同体制の存続が図られることとなった。またこれを受けてのジョブセンター改革では、認可自治体モデルを規定した「実験条項」が廃止され、認可自治体は恒久的な実施体制の選択肢として位置づけられると同時に、認可自治体数も大幅に拡充された。

一方、この違憲判決やジョブセンター改革とほぼ同時に実施された連邦制改革を無視することはできない。連邦・州・自治体間の錯綜した事務委任関係とその費用負担関係が絶えず紛争の種となってきたことはこれまで述べてきた通りである。連邦制改革では特に、自治体に関する立法権限が州に一元化されたことが注目されるが、ジョブセンター改革がARGE（gE）を「合憲化」したことは、この連邦制改革の方向性にいわば逆行するものとなった。ドイツ連邦制国家において、政府間の権限・費用負担関係がなお課題であり続けることを示

唆するといえよう。

　第5章では、認可自治体モデルに関して、発足時からの認可自治体3件、2012年に認可自治体に移行した2件を取り上げつつ、この選択の背景とその成果を検討した。制度発足時点には69自治体が認可自治体となったが、この時点ではこのモデルが自治体にもたらしうる財政的・人的負担が未知数であったこともあり、特に失業率の高い都市部では消極的であった。他方で、旧社会扶助制度の下で自治体が雇用公社を設立し地域的な雇用創出の上で成果を挙げた自治体が、郡部を中心にこのモデルを選択した状況が窺えた。また　2012年度からの新規認可自治体に関しては、ARGEないしgEにおけるAAとの協同が不調であったことや、その下で自治体の地域政策の発揮の余地が狭められたことへの不満がこのモデルを選択する動機となっていたことが窺えた。

　いずれのケースにおいても、認可自治体モデルの利点として挙げられるのは以下のような点である。第一に、自治体が持つ多様な行政資源、特に旧社会扶助の時代を通じて培われた、労働市場において不利性を抱える人々への支援に関わる経験やネットワークを直接に活用できるということである。また第二に、ARGEないしgEにおける自治体とAAとの協同は長期失業者への統合のあり方に関して軋轢を孕みがちであったということである。2012年の認可自治体拡張に際して、上限を上回る自治体が応募するという状況に至った背景には、このような事情があったものと考えられる。

　第6章では、SGBIIにかかる各種の費用に関する連邦・自治体間の財政負担関係を改めて確認した上で、この改革の目的のひとつであった自治体財政問題が解決されたのかどうかを検討した。生活保障給付としての失業手当IIと社会手当、および社会保険料負担は全て連邦負担に切り替えられた一方で、受給者に対する住宅暖房費給付や統合予算および事務費に関しては連邦財源と自治体財源とがなお混在することとなった。このような混合財源による支出分野においては、連邦と自治体の費用負担関係をめぐっての対立関係が解消されず、紛争の種であり続けた。最大の対立点であった住宅暖房費に関していえば、ハルツ改革を通じて自治体に25億ユーロの負担軽減をもたらすとの当初の約束は十分に検証されないまま条文より削除された。綿密な算定方式によって連邦負

担率を算定するという当初の思惑も、結局は根拠数値の算出をめぐる両者の対立によって合意形成のツールとはなり得ず、連邦負担比率は毎年の法令で決定されることとなった。両者の財政負担関係を透明化しようとする手法は高く評価されるべきものと考えられるが、その手法が貫徹しえなかったことは惜しまれる。

　その一方で、自治体においてはSGBIIのみならず児童青少年扶助や障がい者扶助の分野における社会給付費が新たな財政ストレスとなっていた。これについても、連邦政府が2011年に表明した軽減策により、高齢・稼得減少時基礎保障を全面的に連邦移管することが約束された。さらに2011年以降には、自治体における各種の財政負担の増加に鑑みて住宅暖房費連邦負担率の引き上げが行われ、この仕組みを通じて自治体の財政状況の改善を図ろうとする連邦の意図が窺い知れる。

3．ハルツ改革の論点

　以上の検討を踏まえた上で、以下では幾つかの論点に立ち入って考察を加えたい。第一に、ハルツ改革の経緯の中で最も大きな焦点となった実施主体に関して、特に認可自治体モデルをどう評価するかということである。第二に、ハルツ改革における重要な目的のひとつであった自治体の財政負担軽減の問題が解決されたのかどうかである。第三に、ハルツ改革と同時並行して実施された連邦制度改革が上記二点に及ぼした影響についてである。

（1）　認可自治体モデルの評価について

　これまで述べてきたように、認可自治体モデルは当初69団体で開始され、2012年からは108団体に拡張されている。さらに2014年10月の連邦憲法裁判所は、認可自治体数は全ジョブセンターの4分の1までとするという上限設定には根拠がないとの判決を下した。この点に関する法改正如何は立法者に一任されたため、直ちに認可自治体の上限が撤廃されるわけではない。とはいえ、実験条項評価報告書の段階に比べて、認可自治体モデルに対する社会的認知が確

立されてきたという点では隔世の観がある。本書冒頭に述べたように、デンマークでは国と自治体の共同設置のジョブセンターを基本とし、パイロットとして14の自治体ジョブセンターを認めていたが、09年には自治体ジョブセンターを普遍化している。またオランダにおいては改革当初の04年より自治体ジョブセンターが業務を担っている。ドイツもこうした実施主体のあり方に移行するかどうかは軽々に予想するわけにいかないが、自治体が担うジョブセンターについてはすでに他国に先行モデルがあることは確かである。

では、このような基礎自治体の運営するジョブセンターにはどのような意義があるのだろうか。本書ではこの点を、自治体が認可自治体モデルを選択した理由という視点から検討したが、そこから導かれるのは次のようなことである。

第一に、「実験条項評価報告書」（第3章参照）が示すように、ARGEでは概して労働行政の伝統的性格が強く、認可自治体モデルにおいては、社会扶助業務の組織的伝統が強い。このことが斡旋指向か社会的包摂指向かという両モデルの戦略の相違ももたらしている。認可自治体においては、従来社会扶助の実施主体であった社会局Sozialamtの経験を継承しつつ、現在ではそれとは組織的に独立したジョブセンターを形作っており、ここが行政内部の多様な政策部門——児童青少年扶助、産業振興、保健衛生、都市建設等——との連携をとりつつ求職者支援を行いうる点に有利性があると考えられる。つまり、認可自治体モデルの選択理由のひとつは、自治体の政策分野とSGBIIの施策を有機的に連携させる用意があるか否かにかかっている。

第二に、多くの自治体は、旧BSHGの下「就労扶助」という受給者の就労自立支援に取り組んできた実績をもち、特に自治体雇用公社（第5章参照）による教育・訓練・資格取得支援を伴う半公的雇用の場が重要な役割を果たしていた。ARGEの下ではこの雇用公社の役割は後景に退いたのに対し、認可自治体の多くではむしろこの公社が組織再編を伴いつつも求職者支援の重要な環となっている。この機関を核としてSGBIIの実施主体となりうるという見込みが、自治体の認可自治体選択に影響を与えたと考えられる。

第三に、2012年より認可自治体に移行した自治体の事例から示唆されることは、ARGEないしgEにおける自治体とAAとの協同が多くの問題を孕んでい

るということである。むろん、全体の4分の3のジョブセンターはgEを実施主体としており、協同が順調に進められている例も多い。とはいえ、ジョブセンターにおける自治体の発言権の弱さやBAからの直接のコントローリング、BA職員と自治体職員の異なる人事系統という問題はなお残っている。こうしたことから、もし仮に認可自治体数の上限が撤廃される動きがあったとすれば、gEから認可自治体への移行を考える自治体は当然出てくるであろう。

　つまるところ、SGBII受給者のように労働市場において条件不利性を抱える人々の職業生活への統合支援においては、対人支援との親和性が高く、ローカルな雇用政策が必要とされているのである。これはドイツに限らず、各国において地域雇用戦略という視点が台頭していることと軌を一にする動向といえる。これは、一般的な労働市場への参入において不利性や阻害要因を抱える長期失業者に対しては、国民経済レベルでの雇用創出策よりも、社会的包摂の観点を伴った支援が必要であるという理由による。そしてまさにこの点において、自治体レベルが担ってきた給付行政の政策手段と、地域事情に即した分権的な意思決定が求められているといえる。

（2）　連邦・自治体の財政負担関係をめぐって

　ハルツ改革は、SGBII受給者の生活保障給付を全て連邦負担としたものの、住宅暖房費給付や管理運営費の一部を自治体負担とすることで結局のところ混合財源を併用するものとなった。とりわけ自治体負担の多くをなす住宅暖房費給付については、「自治体の財政負担25億ユーロ軽減」というハルツ改革の公約を保証するために、SGBIIに連邦負担率の算定方法が詳細にわたって盛り込まれたのであるが、実際の算定過程では条文の解釈の相違から、この方法がその役割を果たしたとはいえなかった。結局のところ連邦の財政事情に規定された連邦負担率の引き下げによって自治体の負担軽減は達成されず、さらに保育所整備・運営費や障がい者扶助費をはじめとする各種の社会給付費負担の増加によって、自治体負担は一向に軽減されなかったといえる。最終的には障がい者給付の全面的な連邦移管という方針が示され、これによる自治体負担の軽減が図られることとなっている。

こうした連邦と自治体の財政負担関係において、自治体が絶えず主張するスローガンが「牽連性原則」である。これは、「注文した者が払え！」との言葉が示すように、立法者である連邦政府がその財政負担に責任を負うべきだという主張を意味している。財政学の分野ではしばしば、実施主体と費用負担主体が異なる場合に過度の支出がなされることを意味する「財政錯覚」あるいは「モラルハザード」という用語によって語られるが、牽連性原則はまさに意思決定主体と費用負担主体の相違を問題にしている。すなわち、連邦政府は費用負担に関して十分に斟酌しないままに政策決定を行うという問題を指摘しているのである。

　このような「逆モラルハザード」を含む財政錯覚を回避するためには、政策決定主体、執行主体、財政負担主体が一致することが理想ではあるが、現実にはこれは不可能といえる。レンチュ（2006）は、社会的結合、法の前の平等、連邦領域における生活条件の統一という基本法の理念に応える上では、意思決定、執行、費用負担の主体を一致させることはできないとし、この点にドイツ連邦主義の独自性があるとする。すなわち、立法権、収入権、執行権がそもそも一致していないという点が連邦主義一般の原則と異なっており、むしろ単一制的国家に類似しているとするのである。

　しかしこのことは、連邦制・単一制を問わず、とりわけ社会保障分野においてはある意味不可避なことではあるまいか。多かれ少なかれ国民の生活保障を憲法理念に掲げる国にあっては、ナショナル・ミニマム保障に関する立法権限を中央政府が担い、それを国民ないし住民に最も身近な行政主体が実施し、その財源に関しては基本的には中央政府が保障責任を負いつつも、実施主体における「モラルハザード」回避のために部分的に地方政府に分担させるという政府間関係は、むしろ普遍的なものと考えられる。

　本書冒頭に述べた Musgrave／Oats の政府機能論によれば、所得再分配機能に属する生活保障給付、経済安定化機能に属する雇用政策は主として中央政府が、資源配分機能に属する対人サービスは主として地方政府が担うものと整理される。しかし本書が対象とした生活困窮者の社会的・職業的統合という政策分野にあっては、中央政府・地方政府の役割が交錯するのであり、それゆえ

終　章　ローカルな雇用政策の意義と課題

に立法・実施・費用負担の主体の混在は不可避なのである。

　他方でそれゆえに、立法者が実施者に過度の費用負担を負わせることのないように、両者の財政負担関係の明確化、可視化は必要である。住宅暖房費の連邦負担率算定をめぐってのSGBII上の規定はこれを明確にしようとするものであったのだが、両者の利害対立の中で有効性をもつに至らなかったのである。

（3）　連邦制度改革との関係

　前述のように、社会保障分野における立法・執行・費用負担の主体の不一致は不可避であるにせよ、連邦制をとるドイツにおいて、これまで蚊帳の外に置かれた観があるのが州の役割であった。旧BSHGでは、給付基準額については各州法が定めていたものの、連邦法が自治体に対して事務を義務づける形をとった。自治事務という建前上費用負担は全て自治体が負担し、州は一般的な財政調整の枠組みにおいて自治体の財源保障を行っていた。ハルツ改革後のSGBII業務も当初は連邦法に基づいて自治体に義務づけられるものであり、住宅暖房費連邦負担や統合予算等の財源は連邦から自治体ないしジョブセンターに交付されるものであった。このように、ドイツの連邦制という枠組みから考えると、州の頭越しに連邦が自治体に事務の義務づけや指示を行うことは奇異に感じられる。

　2007年12月の連邦憲法裁判所判決（第4章参照）では、自治体が行うべき業務を連邦法が州の権限を飛び越えて規定することは、ドイツの連邦制の原則に悖るのではないかという郡の主張は退けられている。しかし、2006年9月施行の第一次連邦制度改革においては、連邦と州の権限関係の見直しを通じて、自治体に対する事務の委任・義務づけが以後連邦法によってはできないこととなった。基本法第85条第1項に「連邦法によって市町村および市町村連合に対して事務を委任することはできない」という一文が追加されたことにより、自治体業務に対する州の立法権が改めて確認され、連邦法による自治体への直接委任が禁止されたのである。

　違憲判決を受けてのSGBII改正（ジョブセンター改革）では、自治体のgEへ

173

の協力や認可自治体の申請・認可の手続きは州法に基づいて実施されることとされた。特に認可自治体に対しては、連邦政府やBAは直接関与をすることはできず、SGBIIの実施計画である目標協定も州を介在させることとなった。さらに2014年10月の連邦憲法裁判所判決は、連邦機関は自治体に対して特定の法解釈や予算・決算・会計方針に従うことを強要できないとした。これによって、認可自治体におけるSGBIIの実施に対する連邦の監査権限も否定されたことになる。認可自治体がSGBIIに従って制度運用を行うには違いないものの、その法解釈に対して連邦が異を唱え、費用返還請求を行うこともできなくなったのである。

その一方で、ARGEはgEと改称した上で、基本法が禁止する混合行政の例外的存在として容認され、BAの集権的なコントローリングは貫徹されている。自治体はgEに協力する存在であって、gEの実施者総会の構成員として発言権をもつものの、その影響力は相対的に弱いものと言わざるを得ない。

こうしてみると、SGBIIの実施主体すなわちジョブセンターの形態によって、制度運用の相違が生ずる可能性が生じることになる。しかし、「連邦領域における生活条件の統一」（基本法第106条）を掲げるドイツにあっては、このようなSGBIIの運用が地域によって異なる状況は避けなければならない。権限を地方レベルに移譲する一方で、この連邦統一性を保持する手段として重要になってくるのが、行政評価手法である。第二次連邦制改革において、全国統一的な行政評価システムの導入が打ち出された背景には、こうした事情があるように思われる。これは、一面では集権的な統制の強化の可能性を孕んでいるものの、連邦統一的社会国家原理を掲げるドイツにあっては不可避な選択であったのかもしれない。

さて、ドイツ連邦制はどこに行こうとしているのだろうか。SGBIIの実施体制に限定していえば、一方で連邦と州との権限分離を進め、自治体に対する州の立法権・監督権を再構成しつつ、他方ではBAを頂点とするローカルレベルへのコントローリングを保持している。認可自治体が指向する分権的な実施体制と、BAによる集権的な実施体制とはなおせめぎ合いを続けているのである。こうしたアンビバレントな動向には、単純に分権化に向かうのではなく、

終　章　ローカルな雇用政策の意義と課題

「分権化と再集権化の間での揺らぎ」とでもいうべき状況にあるドイツの連邦主義的社会国家のありようを見て取ることができる。

4．日本における生活保護・自立支援への示唆

　さて、上記のようなドイツ・ハルツ改革における政府間財政関係の動向は、わが国に対してどのような示唆をもたらしうるだろうか。連邦制と単一制という国制の相違や、貧困との闘いをめぐる EU という超国家による政策協調の有無、社会保障制度をめぐる国民的合意の水準など、両国には大きな相違があり、軽々にドイツの経験を日本に適用することはできない。とはいえ、労働市場の二極化の中で長期失業のリスクを抱える不安定就労層の蓄積という課題や、分権化への世界的な潮流といった、問題状況の共通性はある。こうしたことに留意しつつ、ドイツの動向が日本に示唆しうるものを探ってみたい。

（1）　分権化の下での生活保護

　生活困窮者の社会的・職業的包摂に関わる分野に関して日本の動向をみる前に、まず近年の分権化の動きを踏まえておきたい。日本における分権化が本格化したのは、2000年施行の地方分権一括法と、それに引き続いて行われた三位一体改革においてであった。この間の日本における分権化の基本理念は「ローカル・オプティマム」なる概念によって特徴づけられる。この概念は、地方分権改革推進会議「事務・事業の在り方に関する中間報告」（2002年）において打ち出されたもので、次のような内容をもつものであった。まず、ナショナル・ミニマム保障を追求する上では国からの財源移転は不可避なものであったが、すでにナショナル・ミニマムが達成された現在においては、むしろ国からの財源移転が地方の国に対する依存を助長するに至っているとする。それゆえ、今後の分権化においては、自治体の自主財源の比率を高め、各地域において住民が受益と負担の関係を秤にかけつつそれぞれに最適な行政水準を決定するシステムが望ましいとしたのである。

　わが国におけるここ十数年の分権化は、まさにこの「ローカル・オプティマ

ム」のイデオロギーに則って進められてきた。すなわち、三位一体改革は、国からの財源移転に依存せず自主財源によって住民ニーズに即した行政サービスを担う自治体財政を作り出すことをめざして行われた。また同時に進められた市町村合併は、国からの権限移譲の受け皿となりうる規模・力量をもった基礎自治体の創出を目指したものであった。このように、わが国における分権化は、行政サービスのナショナル・ミニマム保障の対極に位置づけられるものとして、また選択と集中の論理に基づく地域間競争を推進するものとして表れているといえる。

　こうした中で、社会保障分野における分権化が多々問題を孕むものであることは、わが国においても認識されている。例えば三位一体改革の過程で、国は生活保護国庫負担の削減と地方への権限移譲を打ち出したが、地方側はこれに強い反発を示し、国民に対する最低生活保障は国の責任で行うべきと主張した経緯がある。その後の「補助金の一括交付金化」の議論の中でも社会保障分野の財政負担に関する国の財政負担責任如何については、焦点のひとつとなった。社会保障分野における国庫負担が「一括交付金化」されるとすれば、財政難に直面する自治体にあっては、生活保護よりも他分野への財源配分が優先され、本来なら保護されるべき生活困窮者が排除されてしまう懸念がある。実際こうした現象が起こり得ることは、1981年の「123号通知」[1]および1985年の生活保護国庫負担率の引き下げの際に、稼働能力ある生活困窮者の保護申請を窓口で制限するという事態を招いた例からも明らかである。

　生活困窮者に対する生活保障給付の負担責任のあり方に関していえば、日本では生活保護費国庫負担金の負担率引き下げが検討されたのに対し、ドイツでは生活保障給付の財政負担を自治体から連邦へと移管してきている。生活保障給付を中央政府の責務と位置づける考え方は、ドイツにとどまらず欧州各国で普遍化してきており、このことは、分権化の潮流の中にあるからこそ、中央政府の行財政上の責任範囲は何であるかを改めて問うた結果であるといえる。

1）「生活保護の適正実施の推進について」(1981年11月17日厚生省社会局保護課長・監査指導課長通知第123号)。

ドイツの例から、また日本の状況からも明らかなように、分権化は特に社会保障分野においては決して単純に進むものではない。国民生活のナショナル・ミニマム保障という福祉国家の基本理念を堅持しようとすれば、そこには自ずと分権化への制約は生まれる。地域事情に即したサービス提供を可能にするローカルな意思決定を保障しつつ、福祉国家において形成されてきた国民的保障水準を維持していくためには、各レベルの政府間の協調関係が不可欠と言わざるを得ない。

（2） 自立支援と地域雇用政策の可能性

前述のような生活保護申請への制限によって、日本の生活保護受給者の8割程度は高齢者や傷病者で占められており、稼働能力のある受給者はごく一部にとどまっていた。序章で述べたような各国におけるアクティベーションへの潮流が、日本にはあまりみられなかった背景にはこうした事情がある。とはいえ、労働市場の規制緩和を背景とする格差・貧困問題の先鋭化の下で、稼働能力ある受給者がわずかながら増加傾向を示している。こうしたなか、日本においてもようやく2005年に生活保護自立支援プログラムが開始され、またリーマンショック後の大量失業を機に、2010年にパーソナルサポートサービス事業へと展開され、福祉事務所・社協・ハローワーク等の横断的連携事業が取り組まれた。その後「第二のセーフティネット」論の台頭とともに、生活保護予備軍をも対象とする求職者支援制度が2011年に導入され、2015年には生活困窮者自立支援法が施行された。これらはいずれも自治体（福祉事務所を設置する市ないし県）が実施主体とされており、自治体を担い手とする就労支援という表面のみをみれば、日独の政策動向は類似しているようにみえる。しかし、以下の点での留意が必要である。

第一に、「第二のセーフティネット」以降の「自立支援」の根本的な問題は、生活保障給付を欠いているということである。言い換えれば、これらの施策は生活保障給付を水際で食い止めようとする意図とともにあるといってよい。生活困窮者自立支援の導入によって支援の対象が生活保護受給者以外に拡張される点については評価しうるが、逆に生活保護受給者を減らそうとする国

や自治体の意図が見え隠れするのである。

　第二に、日本の自治体における雇用政策の経験の弱さである。基礎自治体の側では雇用政策はハローワークの役割との意識が強く、上記の一連の自立支援施策の中でも斡旋部分はハローワークに依存するところが大である。無料職業紹介所を開設する自治体もごく一部にみられるが、自治体が自ら雇用を創出するという動きは極めて鈍い。

　第三に、自治体の主体的関与と庁内横断的な連携の弱さである。生活困窮者自立支援のモデル事業では、その多くが社会福祉協議会への委託によって実施されている実態が明らかになり、また自治体内部の諸部局間の連繋の弱さも指摘されている[2]。

　なお、生活保護自立支援プログラム以降推進されてきている福祉事務所とハローワークの連携についていえば、ドイツの事例は反面教師として映るであろう。ドイツの MoZArT や ARGE ないし gE において実践されている AA と自治体の協同をみる限り、労働行政と公的扶助行政とのターゲットの相違、政策資源や政策文化の相違、さらには国と地方自治体という政府レベルの相違を乗り越えることは相当困難であると言わざるを得ない。

　むしろ重要なのは、基礎自治体が対貧困政策ないし地域雇用政策を地域戦略の重要な環として位置づけ、自治体がもつ一般施策を分野横断的に動員しうる体制作りや地域諸主体との厚みのあるネットワーク作りに主体的に取り組むことである。90年代から取り組まれてきたドイツ自治体の就労扶助政策とハルツ改革後の認可自治体モデルの展開とは、自治体による地域的雇用創出・労働市場政策の可能性を立証するものとなっている。わが国で地域的雇用政策といえば、専ら企業誘致にのみ関心が向けられがちであるが、長期失業者の雇用という観点からすれば、地域の中小零細企業の求人とのマッチングや、非営利団体での雇用、あるいはかつての失業対策事業のような公的雇用、という方策がむしろ有効であると考えられる。

2）　生活困窮者自立支援制度全国担当者会議資料「モデル事業実施状況調査集計結果について」2014年9月26日。

あ と が き

本書は以下に掲げる拙稿を下敷きとし、加筆修正や新たな章の書き起こしを行った上で取りまとめたものである。

・「ドイツ社会扶助制度改革と自治体財政」『賃金と社会保障』1406号、2005年（21～30頁）。
・「ハルツⅣ法によるドイツ社会扶助改革と政府間財政関係の進展」『金沢大学経済学部論集』26巻2号、2006年（125～155頁）。
・「ハルツⅣ改革とドイツ型財政連邦主義の行方」『金沢大学経済学部論集』27巻2号、2007年（149～173頁）。
・「ドイツ社会扶助制度改革と自治体財政への影響」日本地方財政学会『三位一体改革のネクスト・ステージ』勁草書房、2007年（123～143頁）。
・「ドイツにおける社会扶助と就労支援」『医療・福祉研究』18号、2009年（62～71頁）。
・「ローカルな「貧困との闘い」の可能性―EUの枠組みにおけるドイツの事例を中心に―」『彦根論叢』382号、2010年、（81～107頁）。
・「財政連邦主義をめぐる論点とドイツ連邦制の今日的課題」『西洋史研究』新輯40号、2011年（171～183頁）。
・「ドイツ社会保障制度における政府間関係」『海外社会保障研究』180号、2012年（27～40頁）。
・「対貧困政策としての地域的雇用政策―ドイツ求職者基礎保障の事例を中心に―」『地域経済学研究』29号、2015年（60～78頁）。

また本書は、以下の研究助成による研究成果の一部である。

①科学研究費補助金　基盤研究（B）海外学術調査「社会保障施策の地域的・総合的提供（「政策の束」）に関する国際比較研究」（19402040）、研究代表者：武田公子、2007-2010年度。
②科学研究費補助金　基盤研究（B）海外学術調査「ドイツの最低生活保障・失業保障統合の法政策的研究」（21402011）、研究分担者（研究代表者：木下秀雄大阪市立大学法学部教授）、2009-2011年度。
③科学研究費補助金　基盤研究（B）海外学術調査「ドイツ求職者基礎保障10年の検

証」(24402021) 研究分担者（研究代表者：布川日佐史法政大学教授）、2012-2014年度。④科学研究費補助金　挑戦的萌芽研究「ローカルな雇用創出の可能性―ドイツにおける認可自治体モデルの事例―」(26590108)、研究代表者：武田公子、2014-2016年度。

　このうち、②③の共同研究は、1996年から発足し、20年近くの長きにわたって続いている、ドイツの社会保障政策研究である。労働経済論、公的扶助論、行政法など多様な分野の研究者による共同研究であり、本書の執筆までの過程においては共同研究者の諸氏より多くの教示、刺激を受けた。研究会メンバーである上田真理、上畑恵宣（故人）、木下秀雄、嵯峨嘉子、嶋田佳広、庄谷怜子、瀧澤仁唱、名古道功、布川日佐史、前田雅子、吉永純の各氏には心より御礼申し上げたい。

　最後に、ハルツ改革をめぐる直近の状況について付言し、今後の研究への展望に代えたい。というのも、2015年夏にドイツでの現地調査を行う中で、次のような興味深い知見を得ることができたためである。
　第一に、2012年に認可自治体への移行を果たした自治体のひとつであるヴッパータール市（ノルトライン・ヴェストファーレン州）の事例である。旧ルール工業地域にあり、経済構造上の課題から高い失業率を抱える同市にあって、ヴッパータール・ジョブセンター公法人機構（日本でいう地方独立法人）の所長は、「労働市場から遠い人々」にも人間的尊厳に値する仕事を作り出すことができるのが、認可自治体の優位性だと説いた。BAの方針によって就労機会が縮小に向かっている中、一般労働市場への統合が困難な長期失業者には、やりがいのある、創造的な、半公的雇用が不可欠であると考え、独自の手法を駆使して訓練の場を兼ねた雇用を創出している。それは例えば、廃墟となった建物を博物館や老人ホームにリノベーションし運営する、シナゴーグが放火された地区にどの宗教でも使うことのできる教会を手作りする、というようにまちづくりと一体化した職業訓練および雇用であったりする。こうしたことは、自治体が自ら受給者に提供する措置の実施主体となり得る認可自治体ならではのことである。同ジョブセンターは、本書で

あとがき

取り上げた五つの認可自治体に比べて、さらに自由度の高い段階に至っているように見受けられた。2014年の連邦憲法裁判所判決によって、連邦の自治体に対する直接の監査権が否定されたことから、今後の認可自治体モデルにおける統合措置が更なるイノベーションを遂げるのではないかと考えられる。引き続きこれらの動向を観察していきたいと考える次第である。

　第二に、SGBIIがターゲットグループのひとつとして重点を置く若者に対する就労支援が、きわめて重層的に展開されていることである。まずは学校教育の枠内で卒業前の生徒たちへの就職相談や職業訓練ポストへの導入が行われる。SGBIIIの枠組みでAAから職業相談員が学校に派遣される仕組みもある。家庭や個人的な問題を抱える生徒に対しては、児童青少年扶助（SGBVIII）の枠組みの下、自治体によるきめ細かな職業相談や支援がなされる。SGBII受給世帯の生徒や、卒業後職業訓練ポストに着けなかった若者に対してはSGBIIの枠組みでの支援がある。最近ではこれらの諸手段を横断的に連携させた「若者職業エージェンシー」というプロジェクトも各地で展開されてきている。これは主としてgEを中心に実施されているものであるが、gEにおいてもこのように異なる法的枠組みをもつ諸部門を連携させたプロジェクトが取り組まれており、特に自治体が担うSGBVIIIとの連携の強化が注目されるところである。

　第三に、2015年夏のシリアからの難民の大量流入がある。現地調査時は、ハンガリー国境に多くの難民が殺到し、まさにこれからドイツに向かおうとしていたタイミングであり、訪問先のジョブセンターでもこの問題をめぐっての今後の対応についても話を聞くことができた。難民認定を受けた人々は、ドイツでの居住を認められれば、SGBIIに基づいて職業教育訓練を受け、ドイツの労働市場へと統合されていくことになる。今年だけで80万人ともいわれる難民の流入を前に、ナーレス連邦労働社会大臣は、高齢化が進み労働力が不足するドイツにおいて、これは幸運なことだと述べた。しかし、1人ひとりの相談やプロファイリングを行い、ドイツ語習得を含む職業教育訓練を提供し、職業斡旋を行っていくという一連の業務を担うのは各地のジョブセンターに他ならない。来年にはSGBII受給者が50万人増えるとの

予測もある。こうした突発的な情勢の局面にあって、ジョブセンターが今後どのような施策を展開し、どのような成果を挙げていくのかについて、引き続き注目していきたい。

 2015年10月

武 田 公 子

略 語 一 覧

AA	Arbeitsagentur	労働エージェンシー
ABM	Arbeitsbeschaffungsmaßnahme	雇用創出措置
ARGE	Arbeitsgemeinschaft	協同体
BA	Bundesagentur für Arbeit	連邦労働エージェンシー
BGBl	Bundesgesetzblatt	連邦官報
BMAS	Bundesministerium für Arbeit und Soziales	（2005年以降）連邦労働社会省
BMWA	Bundesministerium für Wirtschaft und Arbeit	（2005年まで）連邦経済労働省
BSHG	Bundessozialhilfegesetz	連邦社会扶助法
CDU	Christlich-Demokratische Union Deutschlands	ドイツキリスト教民主同盟
CSU	Christlich-Soziale Union	キリスト教社会同盟
FDP	Freie Demokratische Partei	自由民主党
gE	gemeinsame Einrichtung	協同機関
HzA	Hilfe zur Arbeit	就労扶助
HLU	Hilfe zur Lebensunterhalt	生活扶助
MoZArT	Modellprojekte zur Verbesserung der Zusammenarbeit zwischen Arbeitsämtern und Sozialhilfeträgern	労働局と社会扶助実施主体の協働の改善のためのモデルプロジェクト
NSM	Neue Steuerungsmodell	新制御モデル（ドイツ版ニュー・パブリック・マネジメント）
PAP	persönliche/er Ansprechpartner	窓口担当者
SGBII	Sozialgesetzbuch Zweites Buch - Grundsicherung für Arbeitsuchende -	社会法典第2編（求職者基礎保障）
SGBIII	Sozialgesetzbuch Drittes Buch - Arbeitsförderung -	社会法典第3編（雇用促進）
SGBVIII	Sozialgesetzbuch Achtes Buch - Kinder- und Jugendhilfe -	社会法典第8編（児童青少年扶助）
SGBXII	Sozialgesetzbuch Zwölftes Buch - Sozialhilfe -	社会法典第12編（社会扶助）
SPD	Sozialdemokratische Partei Deutschlands	ドイツ社会民主党
ZAG	Zentrum für Arbeit und Grundsicherung	労働・基礎保障センター
zkT	zugelassene kommunaler Träger	認可自治体

文 献 一 覧

【欧文文献】

Altmann, Jörg (2012): Grundsicherung für Arbeitsuchende in kommunaler Trägerschaft — Freiheit und Grenzen bei der Aufgabenwahrnehmung im SGBII. In: Der Landkreis, Jg. 82, Ht. 1–2, S. 31–33.

Andersen, Uwe, (Hrsg.) (1998): Kommunalpolitik in Nordrhein-Westfalen im Umbruch, Kohlhammer (Stuttgart).

Baus, Ralf Thomas/ Fischer, Thomas/ Hrbek, Rudolf (Hrsg.) (2007): Föderalismusreform II: Weichenstellungen für eine Neuordnung der Finanzbeziehungen im deutschen Bundesstaat, Nomos (Baden-Baden).

Beckord, Wilhelm (Hrsg.) (1993): Die Kommunen und die Einheit Deutschlands, LIT Verlag (Münster).

Bertram, Hans/ Kollmorgen Raj (Hrsg.) (2001): Die Transformation Ostdeutschlands, Bericht zum sozialen und politischen Wandel in den neuen Bundesländern, Laske + Budrich (Opladen).

Betz, Franz (2011): Sieben Jahr Jobcenter aus Wiesbadener Sicht, Der Städtetag 6 /2011.

Beyer, Thomas (2006): Steuerprobleme im Rahmen der ARGE aus dem Blickwinkel einer kreisfreien Stadt. In: Wallerath (2006), S. 61–68.

Bieback, Karl-Jürgen (2006): Kommunale Sozialpolitik und ihre Koordination mit der Bundesagentur für Arbeit. In: Wallerath (2006), S. 33–60.

Birke, Anja (2000): Der kommunale Finanzausgleich des Freistaates Sachsens, Peter Lang (Frankfurt a. M).

Blien, Uwe/ Hirschenauer, Franziska/ Kaufmann, Klara/ Moritz, Michael/ Vosseler, Alexander (2011): Typisierung von SGB-II Trägern, IAB-Stellungnahme 8 /2011.

Blotevogel, Hans Heinrich (Hrsg.) (1990): Kommunale Leistungsverwaltung und Stadtentwicklung vom Vormärz bis zur Weimarer Republik, Böhlau Vlg (Köln).

Boehl, Henner Jörg (2007): Föderalismusreform I, Die wesentlichen Punkte. In: Baus u. a. (2007), S. 11–18.

Bothfeld, Silke/ Sesselmeier, Werner/ Bogedan, Claudia (Hrsg.) (2012): Arbeitsmarktpolitik in der sozialen Marktwirtschaft. Vom Arbeitsförderungsgesetz zum Sozialgesetzbuch II und III, Springer VS. (Wiesbaden).

Buestrich, Michael (2011): Kommunale Arbeitsmarktpolitik: Zwischen lokaler Autonomie und zentralistischer Steuerung. In: Dahme/Wohlfahrt (2011), S. 143–161.

Bundesagentur für Arbeit (2005): Der Übergang von der Arbeitslosen- und Sozialhilfe zur Grundsicherung für Arbeitsuchende, Sonderbericht.

Bundes Rechnungshof (2006): Bericht an den Haushaltsausschuss und an den Ausschuss für Arbeit und Soziales des Deutschen Bundestages nach § 88 Abs. 2 BHO zur Durchführung der Grundsicherung für Arbeitsuchende vom 19.5.2006.

BMWA (Bundesministerium für Wirtschaft und Arbeit) (2004): MoZArT, Neue Strukturen für Jobs. Abschlussbericht der wissenschaftlichen Begleitforschung, Stand: Juli 2004, Bundesministerium für Wirtschaft und Arbeit Dokumentation Nr. 541.

BVBS (Bundesministerium für Verkehr, Bau und Stadtentwicklung), Jahresbericht der Bundesregierung zum Stand der Deutschen Einheit.

Dahme, Heinz-Jürgen/ Wohlfahrt, Norbert (Hrsg.) (2011): Handbuch Kommunale Sozialpolitik, VS Verlag (Wiesbaden).

Deutsche Bank Reserch (2006): Zwei Köche verderben den Brei, für eine Neuorganisation von Hartz IV, 9. August 2006.

Deutscher Landkreistag (2006): Evaluation der Aufgabenträgerschaft nach dem SGB II, Ergebnisse der zweiten Feldphase und der ersten flächendeckenden Erhebung, — Zusammenfassung der bisherigen Untersuchungsergebnisse von Markus Keller, Referent beim Deutschen Landkreistag, Juli 2006.

Deutscher Landkreistag (2011): Optionskomunen: Nah am Menschen, Schriften des Deutschen Landkreistages Bd. 96.

Deutscher Städtetag (2010): Sozialleistungen der Städte in Not, Beiträge des Deutschen Städtetages zur Stadtpolitik Band 93.

Deutscher Städtetag (2012): Stabile Stadtfinanzen — nur mit Bund und Ländern, Schlaglicher aus dem Gemeindefinanzbericht 2012.

Enquete Kommission „Zukunft des bürgerschaftlichen Engagements" Deutscher Bundestag (2002): Bericht Bürgerschaftliches Engagement: auf dem Weg in eine zukunftfähige Bürgergesellschaft, Laske + Budrich (Opladen).

Forstoff, Ernst (1938): Die Verwaltung als Leistungsträger, Kohlhammer (Stuttgart).

Fuchs, Ludwig (1997): Kommunale Beschäftigungsförderung, Ergebnisse einer Umfrage von 1997 über Hilfen zur Arbeit nach BSHG und Arbeitsbeschaffungsmaßnahmen nach AFG, Deutscher Städtetag.

Gerhardt, Klaus-Uwe (2006): Hartz Plus, VS Verlag (Wiesbaden).

Grohs, Stephan/ Reiter, Renate (2013): Kommunale Sozialpolitik in der Haushaltskrise: Handlungsfelder und Handlungsstrategien. In: Haus/ Kuhlmann (2013), S. 196-214.

Hanesch, Walter (Hrsg.) (1997): Überlebt die soziale Stadt?, Konzeption, Krise und Perspektiven kommunaler Sozialstaatlichkeit, Leske + Budrich (Opladen).

Hanesch, Walter (Hrsg.) (2010): Die Zukunft der "Sozialen Stadt", VS Verlag (Wiesbaden).

Hanesch, Walter/ Krüger-Conrad, Kirsten (Hrsg.) (2004): Lokale Beschäftigung und Ökonomie. Herausforderung für die „Soziale Stadt", VS Verlag (Wiesbaden).

Haseloff, Reiner (2012): Hoher Optionsanteil in Sachsen-Anhalt. In: Der Landkreis Jg. 82, Ht. 1－2, S. 14.

Hassel, Anke/ Schiller, Christof (2010): Sozialpolitik im Finanzföderalismus - Hartz IV als Antwort auf die Krise der Kommunalfinanzen. In: Politische Vierteljahrschrift 51, S. 95-117.

Haus, Michal/ Kuhlmann, Sabine (Hrsg.) (2013): Lokale Politik und Verwaltung im Zeichen der Krise?, Springer VS. (Wiesbaden).

Henneke, Hans-Günter (2004): Kreispolitik im Würgegriff steigender Sozialkosten, Geschäftsbericht des Deutscher Landkreistages 2003/2004.

Henneke, Hans-Günter (2005a): Kommunale Verfassungsbeschwerden von elf Landkreisen gegen Hartz IV-Regelung, Der Landkreis, Jg. 75, Ht. 1, S. 3－5.

Henneke, Hans-Günter (2005b): Aufgabenwahrnehmung und Finanzlastverteilung im SGBII als Verfassungsproblem. In: Zeitschrift für öffentliches Recht und Verwaltungswissenschaft, Jg. 58 Ht. 5, März 2005, S. 177-191.

Henneke, Hans-Günter (2012): Gesetzgebungskompetenzen von Bund und Ländern bei der Zulassung von Optionskommunen. In: Der Landkreis, Jg. 82, Ht. 1－2, S. 3－5.

Herrerman, Johannes (2000): Örtliche Daseinvorsorge und gemeindliche Selbstverwaltung, Mohr Siebeck (Tübingen).

IAB (2004): Arbeitsmarkt-Reform 2005, Aktualisierte Schätzungen zum Start von ALGII, IAB Kurzbericht Nr. 11/ 23, 9, 2004.

Inhester, Michael (1998): Kommunaler Finanzausgleich im Rahmen aller Staatsverfassung, Duncker & Humblot (Berlin).

Jann, Werner, u. a. (2004): Status-Report Verwaltungsreform, Eine Zwischenbilanz nach zehn Jahren, Edition Sigma (Berlin).

Kaps, Petra (2012): Die Rolle der Kommunen in der Arbeitsmarkt- und Beschäftigungspolitik. In: Bothfeld u. a. (2012), S. 191-205.

Karrenberg, Hanns/ Münstermann, Engelbert: Gemeindefinanzbericht, In: Der Städtetag 各年。

Kazepov, Yuri (2010): Rescaling in der Sozialpolitik: Die neue Rolle lokaler Wohlfahrtssyzsteme in europäischen Staaten. In: Hanesch (2010), S. 115-153.

Knickrehm, Sabine/ Rust, Ursula (Hrsg.) (2010): Arbeitsmarktpolitik in der Krise, Nomos (Baden-Baden).

Koch, Renate/ Wagner, Herbert (Hrsg.) (2006): Die Geschichte der Kommunalpolitik in Sachsen. Von der friedlichen Revolution bis zur Gegenwart, Deutscher Gemeindeverlag (Dresden).

Kommission zur Reform der Gemeindefinanzen (2003): Bericht der Arbeitsgruppe "Arbeitslosenhilfe/ Sozialhilfe" der Kommission zur Reform der Gemeindefinanzen vom 17. April 2003.

Konle-Seidl, Regina (2009): Neuregelung der Jobcenter für Hartz-IV-Empfänger. In: Wirtschaftsdienst, Vol. 89, Iss. 12, S. 813–820.

Lenk, Thomas (2004): Gemeindefinanzbericht Sachsen 2002/2003, Peter Lang (Frankfurt a. M).

Löw, Konrad (Hrsg.) (2001): Zehn Jahre deutsche Einheit, Duncker&Humblot (Berlin).

Musgrave, R. A. (1959): The Theory of Public Finance, A Study in Public Economy, McGraw-Hill (New York).

Nierhaus, Michael (Hrsg.) (2002): Kommunalstrukturen in den Neuen Bundesländern nach 10 Jahren Deutscher Einheit, Schriftenreihe des Kommunalwissenschaftlichen Institut der Universität Potsdam Bd. 10, Duncker & Humblot (Berlin).

Oats, W. E. (2005): Toward A Second-Generation Theory of Fiscal Federalism, International Tax and Public Finance Vol. 12, pp. 349–373.

Oats, Wallace E. (1972): Fiscal Federalism, Harcourt Brace Javanovich (New York).

Offer, Regina (2008): Kommunale Sozialpolitik an der Schnittstelle zum SGBII. In: Archiv für Wissenschaft und Praxis der sozialen Arbeit, 1/2008, S. 104–112.

Ombudsrat (2005): Grundsicherung für Arbeitsuchende, Zwischenbericht vom 29. Juni 2005.

Ombudsrat (2006): Grundsicherung für Arbeitsuchende, Schlussbericht vom 23. Juni 2006.

Oschmiansky, Frank/ Ebach, Mareike (2012): Vom AFG 1969 zur Instrumentenreform 2009: Der Wandel des arbeitsmarktpolitischen Instrumentariums. In: Bothfeld u. a. (2012), S. 91–105.

Richter, Philipp (2013): Gefahr im "Vollzug"?, Die Kommunalisierung staatlicher Aufgaben und ihre Auswirkung auf die Aufgabenerledigung. In: Haus/ Kuhlmann (2013), S. 179–195.

Schleer, Manfred (2003): Kommunalpolitik in Sachsen, Forum Verlag (Leipzig).

Schoch, Friedrich/ Wieland, Joachim (1995): Finanzierungsverantwortung für gesetzgeberisch veranlaßte kommunale Aufgaben, Nomos (Baden-Baden).

Schulze-Böing, Matthias (2010): Lokal handeln für Beschäftigung. In: Thorsten Schäfer-Gümbel (Hrsg.), Gerecht denken — Lokal handeln, Kommunalpolitik als Gegen-

macht, Vorwärts Buch (Berlin), S. 119–128.
Schwarting, Gunner (1999): Kommunale Steuern, Erich Schmidt Verlag (Berlin).
Sell, Stephan (2010): Wirken die "modernen" Instrumente der Eingliederung? Ein sozialwissenschaftlicher Blick auf die arbeitsmarktpolitische Wirkungsforschung. In: Knickrehm/ Rust (2010), S. 27–72.
Sellin, Volker (Hrsg.) (2005): Deutschland fünfzehn Jahre nach der Wiedervereinigung, C. F. Müller (Heidelberg).
Trube, Achim (2006): Moderne Dienstleistungen am Arbeitsmarkt oder funktionaler Dilettantismus? In: neue Praxis - Zeitschrift für Sozialarbeit, Sozialpädagogik und Sozialpolitik, 36. Jg., Heft 1, S. 68–79.
Vaneecloo, Clément/ Badriotti, Augusta/ Fornasini, Margherita (2006): Fiscal Federalism in the European Union and Its Countries, P. I. E Peter Lang (Brussels).
Vorholz, Irene (2009): Wie geht es weiter mit der Aufgabenwahrnehmung?, Schulussdiskussion der Tagung der Evangelischen Akademie Loccum „SGBII — Die Lehren aus der Evaluationsforschung nach §6c" vom 4.3.2009.
Wallerath, Maximilian (Hrsg.) (2006): Perspektiven kommunaler Sozial- und Beschäftigungspolitik, Erich Schmidt Verlag (Berlin).
Wilde, J./ Kubis, A. (2005): Nichtinanspruchnahme von Sozialhilfe, in: Jahrbücher für Nationalökonomie und Statistik, Bd. 224/ 3, S. 347–373.
Wissenschaftlicher Beirat beim Bundesministerium der Finanzen (1982): Gutachten zur Reform der Gemeindefinanzen in der Bundesrepublik Deutschland.

【邦文文献】

伊東弘文（1994）：「統一ドイツと財政調整—連邦制財政システムは生き残れるか—」『経済学研究（九州大学経済学会）』60巻1・2号、17-43頁。

伊東弘文（1995）『現代ドイツ地方財政論（増補版）』文眞堂。

大重光太郎（2007）：「ドイツにおける非典型就業の制度的枠組みと実態」獨協大学『ドイツ学研究』58号、1-45頁。

岡伸一（2007）：「リスボン会議後のEU社会保障政策」『研究所年報（明治学院大学社会学部付属研究所）』37号、33-43頁。

久我健二郎（2008）：「成長と雇用のためのリスボン戦略—3年間の成果と今後の取り組み—4」『NEDO海外レポート』No.1018、24-40頁。

斎藤純子（2011）：「最低生活水準とは何か—ドイツの場合」『レファレンス』2011年9月、116-139頁。

佐々木昇（2010）：「ドイツの雇用問題と「ハルツ」改革」『福岡大学商学論叢』54(2)、191-210頁。

佐藤主光・平岡公一・伊奈川秀和・武田公子・池上岳彦・斉藤弥生（2012）：「特集　海外の社会保障制度における国と地方の関係」『海外社会保障研究』No.180、2-76頁。
嶋田佳広（2005）：「ドイツ社会法典第2編・第12編にみる2005年公的扶助法改革」『賃金と社会保障』1406号、9-20頁。
霜田博史（2004）：「ドイツ統一後における垂直的財政調整の展開」『経済論叢』174巻3号、198-218頁。
シュテック、ブリジッテ・コッセンス、ミカエル編著（田畑洋一監訳）（2009）：『ドイツの求職者基礎保障—ハルツIVによる制度の仕組みと運用—』学文社。
関野満夫（2005）：『現代ドイツ地方税改革論』日本評論社。
武田公子（2003）：『ドイツ自治体の行財政改革』法律文化社。
武田公子（2004a）：「法人事業税の外形課税—ドイツ営業税改革論議が示唆するもの—」日本租税理論学会編『租税原理から税制改革を検証』法律文化社、1-16頁。
武田公子（2004b）：「ドイツにおける自治体間財政調整の動向—牽連性原則と州・自治体間協議—」『京都府立大学学術報告（人文・社会）』56号、2004年12月、105-119頁。
武田公子（2005）：「ドイツ社会扶助制度改革と自治体財政」『賃金と社会保障』1406号、21-30頁。
武田公子（2006）：「ハルツIV法によるドイツ社会扶助改革と政府間財政関係の進展」『金沢大学経済学部論集』26巻2号、125-155頁。
武田公子（2007a）：「ハルツIV改革とドイツ型財政連邦主義の行方」『金沢大学経済学部論集』27巻2号、149-173頁。
武田公子（2007b）：「ドイツ社会扶助制度改革と自治体財政への影響」日本地方財政学会『三位一体改革のネクスト・ステージ』勁草書房、123-143頁。
武田公子（2008）：「ドイツ統一後の自治体財政—地域間格差の現状と施策—」『金沢大学経済学部論集』28巻2号、197-221頁。
武田公子（2009）：「ドイツにおける社会扶助と就労支援」『医療・福祉研究』18号、62-71頁。
武田公子（2010）：「ローカルな「貧困との闘い」の可能性—EUの枠組みにおけるドイツの事例を中心に—」『彦根論叢』382号、81-107頁。
武田公子（2011）：「財政連邦主義をめぐる論点とドイツ連邦制の今日的課題」『西洋史研究』新輯40号、171-183頁。
武田公子（2012）：「ドイツ社会保障制度における政府間関係」『海外社会保障研究』180号、27-40頁。
戸原四郎・加藤榮一・工藤章編（2003）：『ドイツ経済　統一後の10年』有斐閣。
中村健吾（2005）：『欧州統合と近代国家の変容：EUの多次元的ネットワーク・ガバナンス』昭和堂。

中村良広（2002）:「ドイツ州間財政調整の改革―基準法の成立とその政策的意義―」『商経論集（北九州市立大学）』38巻1号、1-21頁。

中村良広（2004）:『ドイツ州間財政調整の改革―「水平的財政調整」の射程―』自治総研ブックレット79。

中村良広（2006a）:「ドイツ財政調整の構造と問題」『月刊自治研』48号、55-69頁。

中村良弘（2006b）:「ドイツ営業税改革の現段階」『熊本学園大学経済論集』12巻3/4号、29-55頁。

樋口美雄・ジゲール、S.・労働政策研究・研修機構編（2005）:『地域の雇用戦略―七ヵ国の経験に学ぶ"地方の取組み"―』日本経済新聞社。

布川日佐史編（2002）:『雇用政策と公的扶助の交錯―日独比較:公的扶助における稼働能力の活用を中心に―』御茶の水書房。

布川日佐史（2005）:「ドイツにおける最低生活保障制度愛核の実態調査報告」『賃金と社会保障』1406号、4-8頁。

福原宏幸・中村健吾編（2012）:『21世紀のヨーロッパ福祉レジーム　アクティベーション改革の多様性と日本』糺の森書房。

保住敏彦（2010）:「ドイツの労働市場とハルツ改革」『愛知大学国際問題研究所紀要』135号、61-86頁。

保住敏彦（2011）:「ハルツ改革の背景、その影響および改革の評価」『経済論集』185号、1-22頁。

正井章筰（2011）:「ドイツの社会保障制度―改革と現実」『早稲田法学』86(4)、49-97頁。

森川洋（2003）「旧東ドイツ地域における市町村の現状―チューリンゲン州とブランデンブルク州を例として―」『地誌研年報』12号、159-183頁。

森川洋（2004）「ドイツ新連邦州・ザクセン州における市町村の現状」『地理科学』59巻4号、233-255頁。

森川洋（2005）:「ドイツ農村地域における市町村地域改革と市町村の現状」『地理学評論』78巻7号、455-743頁。

山口和人（2010）:「ドイツの第二次連邦制改革（連邦と州の財政関係）（1）―基本法の改正―」『外国の立法』243号、3-18頁。

山田誠（1996）『ドイツ型福祉国家の発展と変容』ミネルヴァ書房。

レンチュ、ヴォルフガング（伊東弘文訳）（1999）『ドイツ財政調整発展史』九州大学出版会。

レンチュ、ヴォルフガング（伊東弘文訳）（2006）:「州間の水平的調整における根本問題:ドイツ」持田信樹編『地方分権と財政調整制度』東京大学出版会、191-217頁。

【統計類】
● 連邦労働エージェンシー統計 Statistik der Bundesagentur für Arbeit
http://statistik.arbeitsagentur.de/Navigation/Startseite/Startseite-Nav.html
（a）Aktuelle Eckwerte der Grundsicherung für Arbeitsuchende, Kreise und kreisfreie Städte/ für Jobcenter - Zeitreihe
（b）Arbeitslosigkeit im Zeitverlauf
（c）Ausgaben für aktive und passive Leistungen im SGB II
（d）Eingliederungsbilanzen: Bundesergebnisse und ausgewählte Kennzahlen im Rechtskreis SGB II
（e）Kommunale Eingliederungsleistungen nach § 16a SGB II
（f）Leistungen zur Eingliederung an erwerbsfähige Hilfebedürftige
（g）Maßnahmen zur Aktivierung und beruflichen Eingliederung einschließlich Aktivierungs- und Vermittlungsgutscheine
（h）Zeitreihen zu ausgewählten arbeitsmarktpolitischen Instrumenten
（i）Zeitreihe zu Strukturwerten SGB II nach Ländern

● 連邦統計局 Statistisches Bundesamt
https://www.destatis.de/
（a）Statistisches Bundesamt, Fachserie 14, Reihe 3.3, Jahresrechnungsergebnisse kommunaler Haushalte
（b）Statistisches Bundesamt, Fachserie 14, Reihe 3.3, Rechnungsergebnisse der Kernhaushalte der Gemeinden und Gemeindeverbände

● その他
BMF（Bundesministerium der Finanzen）, Finanzbericht, jedes Jahr.
BMAS（Bundesministerium für Arbeit und Soziales）, Statistisches Taschenbuch, jedes Jahr.
OECD.Stat：http://stats.oecd.org/
総務省『地方財政統計年報』各年度版．

索　引

あ　行

アクティベーション　8, 14, 177
斡旋予算　54, 55
営業税　30, 151
エンプロイアビリティ Employability　14, 89, 122
欧州雇用戦略（EES）　12, 129
オンブズ委員会　47, 76, 77, 79, 83

か　行

会計検査院　77, 79
介護保険　21, 159
改正条項　33, 34
期待可能　47
基本法
　――第28条　94
　――第83条　95
　――第91e条　103
　――第106条　174
　――第115条　136
教育・参加パッケージ　49, 136, 139, 150, 157
牽連性原則　22, 74, 99, 100, 160, 165, 172
高齢・稼得減少時基礎保障　39, 158-160, 169
雇用創出措置（ABM）　55
雇用促進法　28
雇用保険　21
混合行政　81, 94, 96, 102, 105, 174

さ　行

サービス購入センター　140
裁量型調整方式（OMC）　11
支援と要請　45, 47
持続可能な欧州都市　12

自治体雇用公社　27, 63, 121, 122, 125, 168, 170
自治体代表団体　22, 34, 73, 160
自治体統合給付　56, 60-63, 85, 136, 137, 166
市町村合併　113
市町村財政委員会　160
市町村財政改革委員会　29, 73, 135, 143
失業手当Ⅱ　31, 40, 41, 48, 49, 136, 154, 168
失業扶助　27, 28, 30, 117, 120, 149
失業保険　39
実験条項評価報告書　87-89, 166, 169, 170
実施者総会　82, 83, 105, 138
児童手当　50
市民労働　57, 59
社会手当　40, 48, 136, 154, 168
社会的都市　13
社会扶助（BSHG）　19, 21, 26, 28, 30, 35, 39, 63, 76, 84, 117, 119, 122, 145, 153, 168, 170
社会扶助（SGB Ⅻ）　123, 128, 158-160
住宅暖房費　50, 74, 136, 137, 139, 142-150, 154, 156-158, 161, 168, 171
就労機会（1ユーロジョブ）　47, 53, 55, 57-60, 81, 166
就労扶助（HzA）　13, 25-27, 121, 122, 125, 166, 170
手法改革
　――2009年　53, 55, 62
　――2012年　55, 140, 155
所得消費統計　49
ジョブセンター改革　101, 167, 173
操業短縮手当　132
その他の給付（任意の支援）　54-56, 85, 107, 140, 141, 155

193

た 行

賃金補助金　88
電算システム　84, 85, 88, 97, 104, 106, 126, 128, 140, 145
ドイツ銀行　78, 79
ドイツ郡会議　22, 73-76, 80, 82, 93, 100, 108, 141
ドイツ市町村同盟　22, 73, 82
ドイツ都市会議　22, 26, 73-75, 82, 100
統合協定　47, 50, 64, 81
統合補助金　51, 53
統合予算　56, 138, 139, 141, 155, 168

な 行

認可自治体　70, 71, 73, 75, 78, 80, 85, 88, 89, 103, 104, 106, 108, 113-134, 155, 166-169, 171

は 行

ハルツ委員会　30
ハルツ第4法　18, 30, 142
庇護請求者給付　19, 21
費用返還請求　140, 141, 174
貧困との闘い　10
フレクシキュリティ　11
分離モデル　32, 71, 80, 104
併給者 Aufstocker　45
保育所　123, 131, 158, 171

ま 行

民間職業紹介所 Job Börse　64
目標協定　104, 105, 107

ら 行

連邦憲法裁判所判決
　　——2007年12月20日　95, 96, 167, 173
　　——2010年2月9日　48
　　——2014年10月7日　108, 142, 174
連邦制改革
　　——第一次　96-99, 103, 167, 173
　　——第二次　97, 105, 135, 174
連邦領域における生活条件の統一　172, 174
連邦労働エージェンシー　31
労働エージェンシー　31
労働統合措置　50

わ 行

ワーキング・プア　45
枠組み協定　82

アルファベット順

ARGE　31, 32, 45, 68, 71, 80-82, 87-89, 95, 102, 103, 113, 116, 126, 129, 132, 165, 166, 170
　　——違憲訴訟　75, 82, 93, 94
gE　103-105, 128, 138, 139, 155, 167, 170
MoZArT　28, 31, 124, 165, 178
Musgrave　3, 172
NPM　7, 13
NSM　13
Oats　3, 172
PAP　46, 47, 50, 64
SGB Ⅱ
　　——第6条　67, 69, 93, 99
　　——第6a条（実験条項）　32, 69, 70, 78, 83, 87, 93, 106, 107, 167
　　——第16条　51, 54, 85
　　——第44b条　69, 94, 95, 104
　　——第46条　33, 34, 94, 137, 147
SGB Ⅲ　39, 40, 42, 43, 51, 86
SGB Ⅷ（児童青少年扶助）　117, 123, 128, 153, 158, 166, 169, 181
SGB Ⅻ　31, 39, 48, 49, 153, 158
　　——第28条　48, 49

■著者紹介

武田　公子（たけだ・きみこ）

1960年　長野県生まれ
1991年　京都大学大学院経済学研究科博士後期課程指導認定退学
1996年　京都大学博士（経済学）
現　在　金沢大学経済学経営学系教授
主　著　（いずれも単著）
　　　『ドイツ政府間財政関係史論』（勁草書房、1995年）
　　　『ドイツ自治体の行財政改革』（法律文化社、2003年）
　　　『地域戦略と自治体行財政』（世界思想社、2011年）

Horitsu Bunka Sha

ドイツ・ハルツ改革における政府間行財政関係
──地域雇用政策の可能性

2016年1月15日　初版第1刷発行

著　者　　武田公子
発行者　　田靡純子
発行所　　株式会社　法律文化社

〒603-8053
京都市北区上賀茂岩ヶ垣内町71
電話 075(791)7131　FAX 075(721)8400
http://www.hou-bun.com/

＊乱丁など不良本がありましたら、ご連絡ください。
　お取り替えいたします。

印刷：亜細亜印刷㈱／製本：㈱藤沢製本
装幀：前田俊平
ISBN 978-4-589-03720-6
Ⓒ2016　Kimiko Takeda　Printed in Japan

JCOPY　〈(社)出版者著作権管理機構 委託出版物〉
本書の無断複写は著作権法上での例外を除き禁じられています。複写される
場合は、そのつど事前に、(社)出版者著作権管理機構（電話 03-3513-6969、
FAX 03-3513-6979、e-mail: info@jcopy.or.jp）の許諾を得てください。

| 小田切康彦著 | 協働によって公共サービスの質・水準は変化するのか？ NPOとの協働が行政へ及ぼす影響と、協働がNPOへ及ぼす影響を客観的に評価して効用を論証。制度設計や運営方法、評価方法等の確立にむけて指針と根拠を提示する。 |

行政－市民間協働の効用
—実証的接近—
A5判・222頁・4600円

大森真紀著
世紀転換期の女性労働
1990年代～2000年代
A5判・256頁・3900円

性別と正規・非正規雇用の二重の格差が凝縮する女性雇用は改善されたか。バブル経済の最中からリーマンショック後までの20年間の、規制緩和政策や均等法の動き等を丁寧に検証・考察し、労働政策と労働市場における女性の位置づけを確認する。

岩佐卓也著
現代ドイツの労働協約
A5判・228頁・3900円

労働条件決定システムの重要な要素であり、労使関係を端的に表す労働協約をめぐるドイツの「困難の歴史」を展開。様々なアクターの認識や判断を具体的に追跡し、「労働組合の力」を描出する。

今川　晃編
地方自治を問いなおす
—住民自治の実践がひらく新地平—
A5判・232頁・2500円

地域にくらす住民ひとりひとりの熱意にもとづく自治の実践こそ「地方自治の本旨」である——全章を通して現場と実践に焦点を当て、全国各地での実態調査と分析から地方自治論更新の必要性を導き出す。

丸谷浩介著
求職者支援と社会保障
—イギリスにおける労働権保障の法政策分析—
A5判・376頁・7600円

求職者に対する所得保障と求職活動支援が、どのような法構造を有し、どのような法規範によって支えられているのかをイギリスの法制度分析から解明。その示唆から、日本における新たな所得保障・求職者支援としての「求職者法」を提起する。

―法律文化社―
表示価格は本体(税別)価格です